MULHERES INCRÍVEIS

MULHERES INCRÍVEIS

ARTISTAS E ATLETAS, PIRATAS E PUNKS, MILITANTES
E OUTRAS REVOLUCIONÁRIAS QUE MOLDARAM
A HISTÓRIA DO MUNDO

ESCRITO POR
KATE SCHATZ E JULES DE FARIA

ILUSTRADO POR
MIRIAM KLEIN STAHL

TRADUZIDO POR
REGIANE WINARSKI

astral
cultural

Copyright ©2017 Kate Schatz
Copyright ©2017 Miriam Klein Stahl
Copyright ©2017 Jules de Faria
Tradução para Língua Portuguesa ©2017 Regiane Winarski
Todos os direitos reservados à Astral Cultural e protegidos
pela Lei 9.610, de 19.2.1998.
É proibida a reprodução total ou parcial sem a expressa anuência da editora.
Este livro foi revisado segundo o Novo Acordo Ortográfico da Língua Portuguesa.

Rad Women Worldwide
Publicado mediante acordo com a Ten Speed Press, um selo do Crown Publishing Group,
uma divisão da Penguin Random House LLC.

EDITORA RESPONSÁVEL Tainã Bispo
PRODUÇÃO EDITORIAL Aline Santos, João Paulo Fernandes/Colaborador, Luiza Marcondes, Natália Ortega e Thiago Koguchi
CAPA Angelina Cheney
ILUTRAÇÕES Miriam Klein Stahl

Dados Internacionais de Catalogação na Publicação (CIP)
Angélica Ilacqua CRB-8/7057

S33m
    Schatz, Kate
      Mulheres incríveis : artistas e atletas, piratas e punks, militantes e outras
    revolucionárias que moldaram a história do mundo / Kate Schatz ;
    ilustrações de Miriam Klein Stahl ; tradução de Regiane Winarski. – Bauru,
    SP : Altral Cultural, 2017.
      128 p. : il., color.

    ISBN: 978-85-8246-548-6
    Título original: Rad Women Worldwide

    1. Mulheres – Biografias 2. Mulheres - História 3. Revolucionárias I. Título
    II. Stahl, Miriam Klein III. Winarski, Regiane

17-0606
                                                                        CDD 920.72

Índice para catálogo sistemático:
1. Mulheres - Biografias

ASTRAL CULTURAL EDITORA LTDA.

BAURU
Av. Duque de Caxias, 11-70
8º andar
Vila Altinópolis
CEP 17012-151
Telefone: (14) 3879-3877

SÃO PAULO
Rua Major Quedinho 111
Cj. 1910, 19º andar
Centro Histórico
CEP 01050-904
Telefone: (11) 3048-2900

E-mail: contato@astralcultural.com.br

Para Benson e Ivy, e para Hazel, de novo

Para a tia-avó Doris, para a vovó
e para nossas mães

SUMÁRIO

BEM-VINDOS A MULHERES INCRÍVEIS! 8

ENHEDUANNA 10
MESOPOTÂMIA

MALALA YOUSAFZAI 12
PAQUISTÃO

KALPANA CHAWLA 16
ÍNDIA

AUNG SAN SUU KYI 18
BIRMÂNIA

QIU JIN 20
CHINA

JUNKO TABEI 22
JAPÃO

FE DEL MUNDO 24
FILIPINAS

DAMA KATERINA TE HEIKŌKŌ MATAIRA 26
NOVA ZELÂNDIA

FAITH BANDLER 28
AUSTRÁLIA

LIV ARNESEN E ANN BANCROFT 30
NORUEGA E ESTADOS UNIDOS

MIRIAM MAKEBA 32
ÁFRICA DO SUL

WANGARI MAATHAI 34
QUÊNIA

KASHA JACQUELINE NABAGESERA 38
UGANDA

FUNMILAYO RANSOME KUTI 40
NIGÉRIA

CHIMAMANDA NGOZI ADICHIE 42
NIGÉRIA

HATSHEPSUT 44
EGITO

MÃES DA PLAZA DE MAYO 46
ARGENTINA

ELZA SOARES 50
BRASIL

MARTA 52
BRASIL

DEBORA DINIZ 54
BRASIL

MARIA DA PENHA 56
BRASIL

SONIA BONE GUAJAJARA 58
BRASIL

IRMÃS QUINTREMAN 60
CHILE

"NÃO DIGAM QUE MULHERES NÃO PODEM SER HEROÍNAS."
—QIU JIN

POLICARPA "LA POLA" SALAVARRIETA 62
COLÔMBIA

BASTARDILLA 64
COLÔMBIA

NANNY DOS MAROONS 66
JAMAICA

IRMÃ JUANA INÉS DE LA CRUZ 68
MÉXICO

FRIDA KAHLO 70
MÉXICO

RAINHA LILI'UOKALANI 72
HAVAÍ

VENUS E SERENA WILLIAMS 74
ESTADOS UNIDOS

BIRUTÉ MARY GALDIKAS 76
CANADÁ

BUFFY SAINTE-MARIE 78
CANADÁ

PROGRAMADORAS DO ENIAC 80
ESTADOS UNIDOS

GUERRILLA GIRLS 84
ESTADOS UNIDOS

GRACE "GRANUAILE" O'MALLEY 86
IRLANDA

PRINCESA SOPHIA DULEEP SINGH 88
INGLATERRA

POLY STYRENE 90
INGLATERRA

SOPHIE SCHOLL 92
ALEMANHA

MARIE CURIE E IRÈNE JOLIOT-CURIE 96
FRANÇA

JOSEPHINE BAKER 98
FRANÇA

MARIA MONTESSORI 102
ITÁLIA

HIPÁTIA 104
EGITO

EMMA GOLDMAN 106
RÚSSIA

AS SEM PÁTRIA 110

MAIS MULHERES INCRÍVEIS 112

SOBRE AS AUTORAS 122

RECADO DE KATE SCHATZ 122

RECADO SOBRE A ARTE 122

RECADO DE JULES DE FARIA 123

RECADO SOBRE A PESQUISA 123

AGRADECIMENTOS 124

BEM-VINDOS A MULHERES INCRÍVEIS!

Fechem os olhos e imaginem uma pirata. Agora, imaginem uma espiã. Imaginem uma presidente. Uma guerreira em batalha. Uma grande pintora. Uma programadora de computador. Uma médica. Uma jogadora de futebol. Uma faraó.

As mulheres neste livro são todas essas coisas e mais.

Imaginem a Antártida. Vocês veem duas mulheres fortes andando pelo gelo, prestes a quebrar um recorde mundial? E no Egito antigo: vocês conseguem visualizar uma rainha ordenando a construção de um templo gigantesco? Visualizem o pico de neve do Monte Everest, e a escaladora que acabou de chegar ao topo. O nome dela é Junko Tabei. Na Nigéria, uma autora campeã de vendas está escrevendo o próximo livro. Em um grande campo de futebol verdinho, durante a Copa do Mundo, um gol foi marcado. Vocês conseguem visualizar o rabo de cavalo de Marta balançando, uma das maiores jogadoras de todos os tempos?

Bem-vindos a *Mulheres Incríveis*. Pensem neste livro como uma viagem pelo mundo: as mais de 40 histórias acontecem em todos os continentes, ao longo de um milênio. Contam sobre as realizações de mulheres ousadas e corajosas que viveram vidas emocionantes, revolucionárias, históricas e transformadoras do mundo. Em outras palavras, elas são *incríveis*. Algumas viveram milhares de anos atrás; outras estão vivas agora. Algumas são conhecidas em todo o mundo por suas

realizações, algumas são reverenciadas só em seus países, e algumas ainda esperam o reconhecimento que merecem. Não importa de que país ou século elas são, essas mulheres são apaixonadas, determinadas e poderosas. Diante da dúvida e do perigo, elas desafiaram a tradição, violaram regras e seguiram em frente. Elas se manifestaram, cantaram, escreveram, lutaram.

A história do mundo é ampla, incrível e fascinante. Mas muitas vezes as histórias que ouvimos e as lições que aprendemos se concentram nas contribuições e ações de homens. Neste livro, você vai aprender sobre mulheres e eventos sobre os quais talvez nunca tenha ouvido, e sobre lugares onde talvez nunca tenha ido. Aprender o que acontece além das nossas fronteiras aumenta nossa compreensão do mundo todo e pode nos ajudar a aprender mais sobre nós mesmos.

Juntas, essas histórias mostram a imensa amplitude do que as mulheres já fizeram e podem fazer. Claro, este livro é só um pequeno passo em uma jornada quilométrica pela história das mulheres incríveis. Para cada história que você ler, tem centenas (milhares!) mais a serem contadas.

Esperamos que todos os leitores — garotas e garotos, professores e pais, jovens e idosos — encontrem inspiração, encorajamento e maravilhas de todo o mundo nessas histórias.Que todos tenhamos coragem de ser incríveis. Agora, vamos começar!

ENHEDUANNA

2285 – 2250 A.C. (UR, MESOPOTÂMIA)

"MEU REI, FOI CRIADA UMA COISA QUE NINGUÉM TINHA CRIADO ANTES."

Enheduanna, que viveu 4.300 anos atrás, é a autora mais antiga do mundo de quem temos conhecimento. Sim, antes da antiga poeta grega Safo, antes de Confúcio, antes mesmo até da *Epopeia de Gilgamesh*, houve Enheduanna: uma sacerdotisa, princesa, poeta e professora que viveu, escreveu e governou como parte da sociedade mais antiga do mundo. A história dela também é a história do começo do mundo escrito — e da civilização como conhecemos!

Naquela época, os atuais territórios de Iraque, Síria e Turquia eram parte de uma região antiga chamada Mesopotâmia, onde muitos acreditam que a civilização começou. Também foi onde a primeira escrita foi desenvolvida. A escrita cuneiforme, um sistema de marcas feitas com cunhas, talhadas em tabuletas de argila, foi usada durante 3 mil anos como escrita por uma variedade de línguas. As tabuletas de argila duravam milhares de anos e são as primeiras peças escritas descobertas. Muitas tabuletas contêm leis, orações e cartas comerciais em formato escrito.

Em 1927, nas areias desérticas do Iraque, um fragmento de uma dessas tabuletas de argila foi descoberto. Incluía imagens de uma mulher e estava inscrita com o nome "Enheduanna". Arqueólogos logo descobriram mais 100 fragmentos cobertos com cânticos, poemas, músicas e histórias, todos atribuídos à mesma escritora. Desde a descoberta e escavação, pelo menos três dos grandes trabalhos de Enheduanna foram traduzidos para o inglês a partir da antiga linguagem suméria: dois são cânticos de devoção a Inanna, a poderosa deusa do amor, da guerra e da fertilidade. "A Exaltação de Inanna" tem 153 linhas e é cheio de amor e admiração pela grande deusa. Também conta a história de como Enheduanna foi forçada pelos inimigos a deixar o trono; ela agradece a Inanna por ajudá-la a voltar e retomar sua posição de poder.

Nós sabemos agora que Enheduanna é filha do poderoso rei Sargão e da esposa dele, a rainha Tashlultum. O rei Sargão é considerado por alguns o primeiro imperador, e ele unificou a Mesopotâmia central e do sul. Designou a filha como Alta Sacerdotisa, um papel de importância política, espiritual e social; ela é a primeira mulher conhecida a ter esse título.

A escrita de Enheduanna é impressionante não apenas por causa de quanto tempo tem, mas também pelo quanto é boa e bastante pessoal. Seus cânticos e poemas expressam suas emoções apaixonadas, tanto de alegria e amor quanto de medo e raiva. Ela também escrevia na primeira pessoa, o que significa que usava "eu" e "mim" em vez de "ela" e "ele". Outro diferencial é que a sua voz é confiante e forte. A escrita nos diz que ela viajava extensivamente, pois descreve em detalhe a beleza de inúmeros templos. Seus escritos foram copiados e honrados por séculos, e ainda se acredita que tiveram grande influência no desenvolvimento da literatura e da religião dos mil anos seguintes.

"QUANDO O MUNDO TODO ESTÁ SILENCIOSO, ATÉ UMA VOZ SE TORNA PODEROSA."

Malala Yousafzai estava na aula de química quando uma professora entrou na sala com uma notícia incrível. "Malala! Você ganhou o Prêmio Nobel da Paz!" Aos 17 anos, Malala era a pessoa mais jovem (e a primeira paquistanesa) a ganhar o prestigiado prêmio. Os colegas comemoraram e Malala abraçou a professora. Em seguida, voltou aos estudos até a aula terminar.

Três anos antes, Malala estava em uma cama de hospital no Paquistão, lutando por sua vida. A garota de 14 anos levou um tiro na cabeça e ninguém esperava que ela fosse sobreviver. Se não morresse, os médicos disseram que ela quase certamente não conseguiria andar, ler e nem falar. Os homens que atiraram em Malala faziam parte de um grupo terrorista chamado Talibã, que acredita que mulheres não deviam ter direitos. Eles controlavam a cidade onde ela morava, no noroeste do Paquistão, perto da fronteira com o Afeganistão. Eles proibiram a televisão, destruíram as escolas e atacavam garotas que tentavam aprender.

Quando Malala tinha 11 anos, uma organização de notícias britânica chamada BBC quis encontrar uma estudante local para escrever sobre como era viver sob um governo extremista. Eles procuraram o pai de Malala, que era professor, e perguntaram se a filha dele gostaria de fazer isso. Ele sabia que seria perigoso, mas Malala ouviu a conversa e insistiu em fazer. "Por que não eu?", perguntou ela. Ela queria falar em seu nome e em nome das garotas da comunidade dela.

O diário foi publicado no site da BBC durante dez semanas e pessoas de todo o mundo leram sua história. A primeira passagem descrevia um de seus pesadelos: "Tive um sonho terrível ontem, com helicópteros militares e o Talibã. Tenho sonhos assim desde o início da operação militar em Swat. Minha mãe fez café da manhã e fui para a escola. Eu estava com medo...".

Isso deu a Malala respeito e admiração, mas também a tornou um alvo. Apesar de o diário ter sido publicado sob um nome falso ("Gul Makai", a heroína de uma história do folclore pashtun), a identidade de Malala acabou sendo descoberta. Ela era uma garota de 14 anos que não seria silenciada, o que deixou homens adultos apavorados. O Talibã mandou um assassino para persegui-la e matá-la. Um atirador a encontrou em um ônibus escolar. Ele atirou em Malala, mas não conseguiu tirar sua vida, nem sua disposição. Na verdade, só a deixou mais forte.

A recuperação de Malala foi milagrosa e muito rápida. O mundo ficou revoltado com o ataque, e a publicidade que Malala recebeu deu a ela uma plataforma para falar sobre o que é mais importante em sua opinião: paz e educação. Ela escreveu um livro campeão de vendas, *Eu sou Malala*, viajou por todo o mundo e teve a oportunidade de conhecer pessoas como a Rainha Elizabeth e a cantora pop Madonna.

Alguns a chamam de "a garota mais corajosa do mundo", e não só porque ela sobreviveu

MALALA YOUSAFZAI

ao ataque. Quando conheceu o presidente Barack Obama, Malala desafiou diretamente o uso americano de drones em ataques que matam pessoas inocentes no Paquistão. Ela pediu aos líderes mundiais que investissem em "livros, não em bombas", e sua organização, The Malala Fund, está abrindo escolas em todo o mundo. No discurso de aceitação do Prêmio Nobel, ela dedicou o prêmio a todas as garotas que não podem frequentar a escola. Ela também se dedica à própria educação: passou nas provas finais só com notas excelentes e planeja fazer faculdade.

Como muitas crianças de todo o mundo, Malala nasceu em um lugar muito atormentado. Mas a região dela do mundo também é rica em história, tradições e líderes femininas fortes. Na verdade, o nome de Malala é em homenagem a Malalai de Maiwand, uma famosa heroína afegã. Durante a guerra de 1880, uma adolescente chamada Malalai gritou palavras de inspiração para soldados afegãos quando estavam perdendo para os britânicos. Malalai foi morta pelo inimigo com um tiro, mas suas ações motivaram os soldados, e eles venceram a batalha. Malalai se tornou heroína nacional e agora Malala está cumprindo o destino de sua homônima. Diferentemente de Malalai, Malala sobreviveu à bala e passou a inspirar outros. Uma sobrevivente da violência e do ódio, Malala luta com uma arma verdadeiramente poderosa: sua voz.

KALPANA CHAWLA

17 DE MARÇO DE 1962 (KARNAL, ÍNDIA) – 1º DE FEVEREIRO DE 2003 (TEXAS, E.U.A.)

"O CAMINHO DOS SONHOS AO SUCESSO EXISTE. QUE VOCÊS POSSAM TER A VISÃO PARA ENCONTRÁ-LO E A CORAGEM DE ENTRAR NELE."
— MENSAGEM ENVIADA DO ESPAÇO PARA ESTUDANTES

Quando a professora de matemática de Kalpana Chawla explicou o conceito de "conjunto de medida zero", ela usou como exemplo uma astronauta indiana. Nunca tinha existido uma, então, era um caso clássico de uma categoria que simplesmente não existia. "Quem sabe?", disse Kalpana para a turma. "Um dia esse conjunto pode existir!" Os outros alunos riram; eles não tinham ideia de que a colega falastrona um dia faria história.

O nome *Kalpana* significa "imaginação". É perfeito para uma garota curiosa que amava o céu. Quando criança, Kalpana se sentava no telhado com o irmão e via aviões passarem voando. Ela fez projetos escolares elaborados, retratando estrelas brilhantes e o universo. A cidadezinha deles no norte da Índia tinha um clube de voo e Kalpana, às vezes, convencia o pai a levá-la em passeios em pequenos aviões e planadores. Em pouco tempo, Kalpana ficou fascinada com mais do que o céu: ela queria saber sobre o espaço.

Ela era uma aluna forte em matemática e ciências. Os professores a encorajaram a seguir com os estudos, e ela fez faculdade para se tornar engenheira aeronáutica. Isso não era comum para a maioria das garotas de sua cidade, que costumavam se casar e se tornar donas de casa.

Na faculdade, Kalpana era a única mulher na maioria das aulas e seus orientadores, muitas vezes, a incentivavam a escolher uma carreira diferente. Ela persistiu, fez doutorado e se mudou para os Estados Unidos para trabalhar como pesquisadora da NASA. Kalpana foi selecionada entre dois mil candidatos para o programa americano de astronautas e, em 1997, seus sonhos se tornaram realidade: ela e mais cinco astronautas deram 252 voltas em torno da Terra, percorrendo 10,5 milhões de quilômetros.

Do espaço, ela olhou para a Terra, que descreveu como parecendo "sagrada". Viu a Índia, o profundo e verde rio Ganges, o marrom-dourado deserto do Saara. Sua lembrança favorita era de ver o sol nascer e se pôr. "É quase como se tudo estivesse acelerado. De totalmente escuro a violeta, a laranja e vermelho... E aí vem o nascer do sol. No pôr do sol, havia a lua; o crescente era fino como uma navalha, e a cor era de um prata pálido. A lua disparava para longe de nós e se perdia no brilho da curvatura da Terra. Quase como um livro de histórias que se lê quando criança."

Em 2003, Kalpana ficou feliz de voltar para o espaço na missão STS-107 *Columbia*. Ela ajudou a conduzir quase 80 experimentos de microgravidade e foi a principal operadora do braço robótico do ônibus espacial. Depois de duas semanas no espaço, quando o ônibus espacial entrou na atmosfera da Terra, uma tragédia ocorreu: com uma asa danificada no lançamento, o ônibus espacial se desintegrou. Kalpana e seus colegas astronautas não sobreviveram. Como a primeira mulher nascida na Índia a viajar para o espaço, Kalpana se tornou uma heroína para pessoas de todo o mundo, principalmente para garotas que agora sabem que "uma astronauta indiana" não é mais um "conjunto de medida zero".

"VOCÊ NUNCA DEVE DEIXAR SEUS MEDOS IMPEDIREM QUE FAÇA O QUE SABE QUE É CERTO."

Quando Aung San Suu Kyi viajou para seu país, a Birmânia, em 1988, ela esperava ficar algumas semanas, depois voltar para o marido e os dois filhos na Inglaterra. Ela não pretendia se tornar a líder do país, vencedora do Prêmio Nobel da Paz e símbolo internacional da luta pela democracia.

Aung San Suu Kyi ("Aung San" do pai, "Suu" da avó e "Kyi" da mãe) nasceu e foi criada na Birmânia (também conhecida como Mianmar). Seu pai, o general Aung San, ajudou a negociar a independência da Birmânia do domínio da Grã-Bretanha. Ele foi assassinado quando Suu só tinha dois anos e se tornou herói nacional. Desde cedo, Suu acreditava que era seu destino terminar um dia o trabalho que o pai iniciou.

Suu foi embora da Birmânia quando adolescente para estudar na Índia, nos Estados Unidos e na Inglaterra, onde conheceu o marido, Michael. Eles formaram família em Londres, mas Suu deixou uma coisa bem clara: se algum dia houvesse um forte motivo para voltar e ajudar o amado país, ela voltaria.

Em 1988, Suu voltou para a Birmânia para cuidar da mãe doente. O país estava um caos. Desde a morte do pai de Suu, a Birmânia foi governada por um governo militar opressivo. O general no poder tinha renunciado e estudantes, trabalhadores e até monges estavam ocupando as ruas para exigir mudanças. A polícia atacou com força e feriu os manifestantes. Suu viu necessidade de uma liderança e, em 26 de agosto de 1988, fez um discurso para meio milhão de pessoas. Teve gente de todos os lugares para ouvir a filha do herói pedir um governo democrático. Ela disse: "Eu não poderia, como filha do meu pai, ficar indiferente a tudo que estava acontecendo."

O momento de Suu tinha chegado. Ela ajudou a abrir um novo partido político e viajou pelo país organizando comícios pró-democracia. Em 1989, um ano depois de seu retorno, Suu foi presa e encarcerada na própria casa. Havia guardas armados presentes dia e noite, e nenhum visitante era permitido, nem a própria família. Ela ficou lá por 15 anos, sem poder ver os filhos e o marido, nem quando ele estava morrendo de câncer.

Suu passou esses anos meditando, estudando budismo, costurando, se exercitando... E se recusando a desistir. Quando tinha permissão de andar até os muros da casa, ela subia e fazia discursos para multidões, nunca cessando o chamado por paz e democracia.

Suu foi finalmente libertada em 2010. Em 2015, a Birmânia teve eleições e o partido de Suu conquistou quase 80 por cento do Parlamento. A própria Suu obteve uma posição parlamentar, encerrando quase 50 anos de governo militar. Vai demorar para que as mudanças aconteçam em toda Birmânia, mas há esperanças de que a justiça prevaleça — graças aos esforços incansáveis de Aung San Suu Kyi.

"DE CORAÇÃO, SUPLICO E ROGO ÀS MINHAS 200 MILHÕES DE COMPATRIOTAS MULHERES QUE ASSUMAM SUA RESPONSABILIDADE COMO CIDADÃS. LEVANTEM-SE! MULHERES CHINESAS, LEVANTEM-SE!"

A "Mulan dos dias modernos". A "Joana D'Arc chinesa". "A primeira feminista da China." Esses títulos foram usados para descrever Qiu Jin, que desafiou as tradições para se tornar uma líder revolucionária na dinastia Qing da China.

Qiu Jin nasceu na província de Fujian, no sudeste da China. Sua infância foi tradicional: ela frequentou a escola, amava cavalos e livros e fazia o que mandavam. Segundo a prática tradicional, os pés dela foram amarrados com força com tecidos para impedir que se desenvolvessem normalmente. Pés pequenos eram considerados mais bonitos, mas era uma prática dolorosa e debilitante. Quando tinha 21 anos, seu pai a obrigou a se casar.

A China estava passando por uma grande transição. Depois de quase 300 anos sob governo da corrupta dinastia Qing, muitos acreditavam que era hora de mudança. A revolução estava no ar — e também novas ideias sobre o papel das mulheres na sociedade. Durante uma ida a Pequim, Qiu ficou sabendo de tudo isso. Ela queria saber mais, então, estudou literatura feminista. Não suportava o marido e escreveu que ele a tratava como "menos do que nada". Isso deu a ela a coragem de fazer uma coisa inédita: ela abandonou o casamento, vendeu as joias que possuía para levantar dinheiro e se mudou sozinha para Tóquio, no Japão.

Lá, Qiu entrou em várias sociedades secretas dedicadas a derrubar o governo chinês. Ela acreditava que a mudança não poderia acontecer enquanto homens e mulheres não fossem iguais. Admirava Hua Mulan, a guerreira chinesa que se vestiu como homem para assumir o lugar do pai no exército. Qiu também estudou artes marciais, e usar roupas de homem virou sua marca registrada. Ela costumava carregar uma espada e chamava a si mesma de "Jin Xiong", que quer dizer "capaz de competir com homens".

Qiu queria compartilhar suas ideias com o máximo de mulheres possível. Ela escreveu ensaios, mas muitas mulheres chinesas não sabiam ler, então, ela fazia discursos animados sobre os direitos femininos. Também escreveu poesias lindas, com versos como "Ao soltar meus pés, eu limpo mil anos de veneno/Com coração acalorado, levanto o espírito das mulheres".

Ao voltar para a China, em 1906, ela começou uma revista feminista que encorajava as mulheres a buscarem educação, a encontrarem empregos e a se tornarem financeiramente independentes. Qiu também trabalhou com uma pessoa próxima para unificar grupos radicais de ativistas. Em 1907, quando estava dando aula em uma escola que era um local de treino secreto de soldados revolucionários, ela ouviu que sua amiga havia sido presa. Ela soube que seria a próxima. Qiu Jin foi presa e acusada do crime de escrever dois poemas revolucionários. Sua execução chocou a nação, mas a tornou uma heroína para muitos e um símbolo da independência feminina. Quatro anos depois da morte de Qiu, a Revolução de 1911 transformou a China, gerando a mudança pela qual ela lutava.

JUNKO TABEI

22 DE SETEMBRO DE 1939 (MIHARU, JAPÃO)

"NUNCA HOUVE DÚVIDA NA MINHA MENTE DE QUE EU QUERIA SUBIR AQUELA MONTANHA, INDEPENDENTE DO QUE AS OUTRAS PESSOAS DIZIAM."

Era a manhã do dia 16 de maio de 1975, e Junko Tabei, de 35 anos, uma dona de casa e mãe japonesa, enfiou as botas de neve no gelo e rastejou por uma crista escorregadia e estreita. Com apenas um metro e meio, Junko estava a quase 10 mil metros acima do nível do mar, e seu destino estava a apenas 12 metros: o Cume Sul do Monte Everest, a montanha mais alta do mundo. Naquela manhã gelada, Junko se tornou a primeira mulher a chegar lá.

Junko nasceu em uma cidade pequena no norte do Japão. Apaixonou-se por alpinismo aos 10 anos, em um passeio da escola. Ela e os colegas subiram dois picos altos, o Monte Asahi e o Monte Chausu. Ela queria mais, mas sua família era pobre, e escalar montanhas não era algo que pudessem pagar. Também não era vista como uma atividade para garotas, principalmente as pequenas. Quando foi para a faculdade, ela entrou em vários clubes de alpinismo, onde era quase sempre a única mulher. Depois que se formou, ela fundou o Clube Feminino de Alpinismo do Japão e começou a subir picos com outras alpinistas.

Em 1975, Junko liderou a primeira expedição ao Everest só de mulheres, com a ajuda de outras 14 companheiras. Elas e os xerpas (povo do Himalaia que ajuda os alpinistas) completaram um longo e rigoroso processo de treinamento antes de embarcarem na jornada, que estabeleceria um recorde. O marido de Junko e a filha de três anos torceram quando ela saiu para escalar até o topo do mundo, mas muitas pessoas ficaram chocadas por uma mãe deixar a família para trás para subir em uma montanha. "Nos disseram que devíamos estar criando filhos em vez de fazer aquilo", disse Junko.

Mas ela estava determinada, e o apoio da família era tudo do que Junko precisava. As mulheres partiram, bem preparadas e animadas, mas a viagem era perigosa. Em uma manhã fria na montanha, Junko acordou com um som trovejante: uma avalanche. Em pouco tempo, uma onda gigantesca de neve, pedras e gelo a enterrou junto com as outras. Junko ficou inconsciente por seis minutos. Suas amigas alpinistas a tiraram da neve e a reviveram com uma máscara de oxigênio. Ela ficou ferida e cansada, mas seguiu em frente.

Quando finalmente chegou ao topo, Junko viu os vales do Tibete, milhares de metros abaixo. Estava exausta e aliviada de ter conseguido. Também estava sentindo muito orgulho. Junko fez história quando chegou ao topo do Everest, mas não parou ali. Em 1992, se tornou a primeira mulher a escalar os "Sete Cumes", as montanhas mais altas de cada um dos sete continentes, incluindo o Monte Kilimanjaro, na África, e o Monte Aconcágua, na América do Sul. Junko tem mais de 70 anos, mas ainda escala pelo menos três ou quatro montanhas por ano e não tem planos de parar.[1]

[1] Junko Tabei faleceu em 20 de outubro de 2016, aos 77 anos, vítima de um câncer. (N. da T.)

"ACREDITO QUE, SE VOCÊ DER AO MUNDO O MELHOR QUE PODE, O MELHOR VAI VOLTAR PARA VOCÊ."

Fe del Mundo chegou na Escola de Medicina de Harvard, em Boston, nos Estados Unidos, aos 24 anos, em 1936. A viagem da casa dela em Manila, a capital das Filipinas, tinha sido longa, mas ela estava animada. Depois de se formar como melhor aluna da turma na Universidade das Filipinas, Fe recebeu a proposta de uma bolsa de estudos integral para estudar em qualquer lugar do mundo. Ela escolheu Harvard. Mas, em 1936, Harvard não aceitava alunas mulheres.

As mulheres vinham tentando entrar em Harvard desde 1847. Os representantes que examinaram a sua ficha supuseram que "Fe" era homem. Quando Fe chegou, o presidente da universidade percebeu que ela era inteligente demais para ser mandada de volta para casa, e Fe del Mundo se tornou a primeira mulher aceita na Escola de Medicina de Harvard.

Fe foi a sexta de oito filhos; quatro irmãos morreram quando ela era nova. O acesso à saúde de qualidade era limitado e muitos bebês morriam de doenças tratáveis. Isso a inspirou a se tornar médica. Ela se matriculou na Universidade das Filipinas aos 15 anos e tirou o primeiro diploma de médica lá. Como Fe era pequena (pesava menos de 45 quilos), foi aconselhada a seguir pediatria, o estudo da saúde das crianças. Ela sonhava em um dia construir seu próprio centro médico infantil.

Depois de se formar em Harvard, Fe estudou na Universidade de Chicago, no Instituto de Tecnologia de Massachusetts e na Universidade de Boston. Mas, quando a Segunda Guerra Mundial começou, ela voltou para casa para ajudar o país. O Japão invadiu as Filipinas e colocou milhares de pessoas, inclusive crianças, em campos de concentração, que eram como prisões. Muitas ficaram doentes. Com a ajuda da Cruz Vermelha Internacional, Fe estabeleceu um centro médico na Universidade de Santo Tomas, chamado Lar das Crianças.

Em três semanas, Fe e sua equipe estavam oferecendo amor e conforto a 130 crianças assustadas. Ao longo de um ano e meio, Fe cuidou de 400 meninos e meninas e se tornou conhecida como "o anjo de Santo Tomas".

Depois da guerra, Fe abriu o primeiro hospital pediátrico das Filipinas, oferecendo cuidados médicos a milhares de famílias rurais. Para levantar fundos e mantê-lo, ela vendeu a casa e os pertences e se mudou para o segundo andar do hospital. Além de cuidar do hospital, ela publicou artigos e fez descobertas que revolucionaram a medicina pediátrica nas Filipinas e por todo o mundo.

A doutora Del Mundo ainda fazia rondas hospitalares de cadeira de rodas aos 99 anos de idade. Ela morreu poucos meses antes do centésimo aniversário. Fe nunca se casou e tampouco teve filhos; deu todo o seu amor para os pacientes. Ganhou muitos prêmios, foi nomeada Cientista Nacional das Filipinas e é reconhecida como médica revolucionária e humanitária.

"KO TAKU REO TAKU OHOOHO, KO TAKU REO TAKU MĀPIHI MAURIA."
"MINHA LÍNGUA É MEU DESPERTAR, MINHA LÍNGUA É A JANELA DA MINHA ALMA."
—PROVÉRBIO MAORI

Basta uma geração para que se perca uma língua, então, se uma geração de crianças cresce sem aprender e falar um idioma, ela pode se perder para sempre. Cerca de seis mil línguas são faladas no mundo, e os linguistas (as pessoas que estudam as línguas) acreditam que, no próximo século, quase metade se tornará extinta. Quando uma língua desaparece, não só palavras são perdidas: histórias, cantigas de ninar, orações e piadas também desaparecem. Graças a Dama Katerina Te Heikōkō Mataira e seus devotados colegas, nós não dissemos *haere ra* (adeus) a *te reo Māori* (a língua maori).

O povo maori habita as ilhas da Nova Zelândia, no Pacífico Sul, há centenas de anos. O século XIX trouxe muitos colonizadores para a Nova Zelândia e, em 1840, o local já era uma colônia britânica. Cem anos depois, havia um milhão de pākehā, ou povo não-maori, morando lá. Primeiro, muitos colonizadores aprenderam a língua maori para poderem fazer trocas e negócios. Mas os pākehā acabaram se tornando a população dominante, e o inglês se tornou a primeira língua. As crianças maoris eram desencorajadas a falar a própria língua na escola e em público. Falar inglês se tornou necessário para a sobrevivência.

Em 1971, um relatório de um pesquisador confirmou que só cinco por cento da população maori falava a língua materna. A língua estava morrendo. Katerina Mataira decidiu que estava na hora de o povo maori tomar a questão nas próprias mãos. Katerina nasceu em Tokomaru Bay, como parte da tribo Ngāti Porou. Como professora e mãe, ela sabia que educação era a chave para salvar a língua e a cultura maori. Ela decidiu que os maoris deviam criar as próprias instituições de estudo e dedicou a sua vida para fazer isso se realizar.

Katerina e a amiga Ngoi Pēwhairangi desenvolveram um sistema para ensinar *te reo maori*. Elas viajaram pelo país recrutando falantes de maori para se tornarem professores. Em pouco tempo, uma rede de educadores ensinava a língua que estava desaparecendo do país para jovens e adultos. Essa iniciativa se tornou um movimento nacional e Katerina ajudou a fundar escolas de imersão de língua maori, chamadas Kura Kaupapa Māori.

Ela ficou conhecida como mãe do "Movimento Kura Kaupapa", e centenas dessas escolas ainda estão prosperando atualmente. O maori se tornou língua oficial da Nova Zelândia em 1987 e, um censo de 2013 relatou que 21 por cento dos nativos maori agora falam a língua materna.

Katerina também foi uma escritora de livros infantis, vencedora de prêmios e a única pessoa a escrever livros em maori. Em 2011, recebeu uma das maiores honras da Nova Zelândia, quando foi nomeada com o título de Dama pelo serviço à língua maori. Ela morreu naquele mesmo ano, deixando oito filhos, mais de 50 netos e bisnetos, um tataraneto e um legado enorme.

FAITH BANDLER

23 DE SETEMBRO DE 1918 (TUMBULGUM, AUSTRÁLIA) – 13 DE FEVEREIRO DE 2015 (SYDNEY, AUSTRÁLIA)

"EU TRABALHEI COM MUITA DEDICAÇÃO, TODOS OS DIAS DA SEMANA."

A Austrália é conhecida por muitas coisas: marsupiais, a região desértica do Outback, a Grande Barreira de Coral... Não é tão conhecida pelo movimento de direitos civis, mas deveria. Inspirado pelo ativismo nos Estados Unidos e na África do Sul, o movimento australiano floresceu nos anos 1950 e 1960, quando a população lutou pelos direitos do povo indígena australiano, cujos ancestrais viviam no país milhares de anos antes dos ocidentais chegarem. Uma das líderes mais amadas era uma mulher chamada Faith (fé, em inglês).

Faith Bandler nasceu na pequena comunidade de Tumbulgum. Sua mãe era índia e escocesa, e o pai nasceu na ilhazinha de Vanuatu. Quando tinha 13 anos, ele foi levado para a Austrália para trabalhar como escravo. Faith e seus sete irmãos cresceram ouvindo as suas histórias sofridas, e os pais fizeram questão de que os filhos entendessem a importância do conceito de justiça.

Durante a Segunda Guerra Mundial, Faith trabalhou no Women's Land Army colhendo cerejas. Várias mulheres com quem trabalhava eram indígenas australianas e, quando Faith descobriu que elas recebiam menos, ficou furiosa.

Isso despertou o ativismo de Faith: ela fundou a Sociedade Aborígene-Australiana e, junto com mulheres como a ativista indígena Pearl Gibbs e a ativista feminista Jessie Street, construiu uma coalizão de estudantes e ativistas, homens e mulheres, pessoas brancas e indígenas. Faith sabia que o pagamento desigual não era a única injustiça enfrentada pelos indígenas australianos, que viviam em extrema pobreza. Eles não tinham direito nenhum: a constituição australiana declarava que não deviam nem ser contados no censo nacional.

Em 1957, a sociedade começou uma campanha para que houvesse um referendo para mudar as seções anti-indígenas da constituição. Durante os 10 anos seguintes, Faith, que era conhecida pelo sorriso largo e pelos discursos convincentes, dedicou-se à causa. Apoiada pelo marido, Hans (um refugiado judeu que fugiu dos campos de concentração nazistas), ela viajou pelo país, discursando para centenas de pessoas em igrejas, sindicatos e escolas, falando apaixonadamente sobre direitos iguais para todos. "Eu levava meu marido para o trabalho e minha filha para a escola e ia a reuniões. Eu não parava", relembrou ela, que aparecia com frequência na televisão e no rádio, pedindo para que os australianos votassem "sim".

O Referendo de 1967 passou com 90 por cento de votos, ganhando em todos os seis estados australianos. A constituição foi alterada para incluir os direitos dos indígenas australianos. E essa foi só uma das grandes realizações de Faith. Em 2000, o presidente da África do Sul, Nelson Mandela, deu a ela um prêmio "em Honra e Gratidão por uma Vida de Defesa Corajosa da Justiça e do Povo Indígena, dos Direitos Humanos, do Amor e da Reconciliação".

LIV ARNESEN E ANN BANCROFT

LIV: 1º DE JUNHO DE 1953 (BÆRUM, NORUEGA)

ANN: 29 DE SETEMBRO DE 1955 (ST. PAUL, MINNESOTA, E.U.A.)

"QUANDO SENTIR SEU CORAÇÃO BATER FORTE OU O SANGUE DISPARADO, VOCÊ DESCOBRIU UMA COISA IMPORTANTE. ABRA ESPAÇO PARA ELA."
—LIV ARNESEN

A história da exploração da Antártida é cheia de narrativas de homens corajosos que aguentaram um ambiente difícil, nunca mulheres. Isso não teve importância para Liv Arnesen e Ann Bancroft, duas garotinhas que cresceram a mais de seis mil quilômetros de distância uma da outra, ambas sonhando em atravessar o continente gelado.

Quando Liv e Ann se conheceram, em 1998, já adultas, elas já tinham quebrado grandes recordes na exploração ártica. Liv esquiou sozinha para o Polo Sul, e Ann foi a primeira mulher a atravessar o gelo para o Polo Norte a pé. Mas as duas ainda desejavam atravessar a Antártida. Juntas, elas planejaram a maior viagem da vida delas.

Apesar de todas as suas realizações, elas enfrentaram críticas. Ouviram que a Antártida não era lugar para mulheres, e um homem até apertou o bíceps de Ann para ver se ela era forte o bastante — ela era! Mas Liv e Ann sabiam que eram capazes.

Elas passaram dois anos se preparando. "Um desejo de ir ao Polo Sul não é uma ideia impulsiva", disse Liv. "Não dá para ter a ideia em maio e partir em outubro." Elas fariam a viagem de esqui, com velas de esqui, cada uma puxando um trenó de 115 quilos, contendo toda comida e equipamento. Para ficarem fortes o bastante para puxar os trenós, elas amarraram pneus de trator na cintura e treinaram, puxando-os. Para deixar as mãos e os dedos acostumados com o frio, elas se sentaram dentro de freezers de sorvete gigantes e treinaram conversar em walkie-talkies!

A jornada começou em novembro de 2000. Liv e Ann não podiam perder tempo. O "verão" de três meses e meio da Antártida é a única época em que fica claro e "quente" o bastante para se sobreviver ao ar livre. Todos os dias, elas acordavam, comiam e iam para o gelo, fazendo lanches de hora em hora para manter os níveis de energia. À noite, elas montavam barracas, jantavam e liam poesia em voz alta.

A viagem foi longa, dolorosa e perigosa. Em dias de vento, elas conseguiam percorrer até 100 quilômetros, mas nos dias calmos só faziam 10 ou 12. Elas tinham que pular fendas profundas. Os joelhos doíam, e as unhas dos pés caíram. Elas tiveram queimaduras de sol, geladura e pele rachada. Para aquecer os dedos, elas os enfiavam em aveia. As duas tentaram manter a positividade, mas às vezes tinham medo de não conseguir.

Liv e Ann sabiam que a viagem estava sendo acompanhada de perto por crianças de todo o mundo através de um site — três milhões, precisamente! Isso motivou as exploradoras nos momentos mais difíceis e, 94 dias depois que começaram, elas se tornaram as primeiras mulheres a atravessar a Antártida a pé.

Liv e Ann continuam a explorar o mundo juntas, trabalhando para ensinar às pessoas sobre mudanças climáticas e acesso à água limpa. Elas estão comprometidas em mostrar aos jovens como fazer grandes sonhos virarem realidade e querem, especialmente, inspirar garotas a explorarem o mundo, como elas fizeram.

MIRIAM MAKEBA

4 DE MARÇO DE 1932 (JOANESBURGO, ÁFRICA DO SUL) – 9 DE NOVEMBRO DE 2008 (CASTEL VOLTURNO, ITÁLIA)

"VOU CONTINUAR CANTANDO, DIZENDO A VERDADE."

Apartheid, que significa "separado", era uma forma rigorosa de segregação que deixou os sul-africanos brancos e negros separados entre 1948 e 1994. A cantora mundialmente famosa, Miriam Makeba, usou a voz para contar ao mundo sobre isso.

Quando Zenzile Miriam Makeba era recém-nascida, sua mãe, uma curandeira e faxineira, foi pega vendendo cerveja ilegalmente, e as duas foram jogadas na prisão. Miriam passou os seis primeiros meses de vida na cadeia.

A família de Miriam era pobre e, depois que seu pai morreu, ela teve que trabalhar como empregada doméstica. Mas, por sorte, Miriam tinha a música, que descrevia como "um tipo de magia", que a ajudava nos momentos difíceis. A área onde ela morava era cheia da melodia da música africana, como *kwela* e *marabi*, e de estilos ocidentais como big band, gospel e jazz. Aos 13 anos, Miriam ganhou um concurso de canto e começou a se apresentar em casamentos.

Em pouco tempo, ela começou a viajar com vários grupos de canto, sempre fazendo shows separados para negros e brancos. Em 1959, Miriam conseguiu um pequeno papel em um filme anti-apartheid. Ela ganhou um prêmio pela apresentação e viajou para Veneza, Itália, para recebê-lo. Isso enfureceu o governo sul-africano. Eles não queriam cidadãos criticando suas políticas. Quando Miriam tentou voltar para casa, soube que a África do Sul tinha cancelado o passaporte dela. Ela não podia retornar. Estava exilada. Miriam ficou arrasada.

Em Londres, conheceu o popular cantor e ativista Harry Belafonte. Viajou para os Estados Unidos com ele e se tornou uma sensação da noite para o dia. Antes que se desse conta, estava se apresentando junto com Marilyn Monroe no aniversário do presidente John F. Kennedy, em Nova Iorque.

Uma artista com alcance vocal incrível, Miriam atraía as pessoas com suas apresentações emotivas. Ela cantava em diferentes línguas africanas e tinha seu estilo distinto: não usava maquiagem e vestia roupas tradicionais, turbantes e acessórios. Miriam mantinha o cabelo natural, que ficou conhecido como "visual afro".

Em 1967, ela se tornou a primeira mulher negra a ter um sucesso mundial no Top 10, "Pata Pata", e lançou dezenas de discos. Nos anos 1980, a sua colaboração com o músico Paul Simon levou a música e as histórias da África a ainda mais ouvintes.

Miriam viajou por todo o mundo, entretendo e falando contra a injustiça. Ela testemunhou sobre o apartheid na frente das Nações Unidas, e a África do Sul reagiu banindo os seus discos e cancelando sua cidadania. Em 1990, o líder ativista Nelson Mandela foi libertado da prisão a tempo de seu 70° aniversário. Ele convenceu Miriam a finalmente voltar para a África do Sul, e ela aceitou. Seu povo a recebeu de braços abertos e a chamou de "Mama Africa". Depois que ela faleceu, Mandela disse para o mundo: "A música de Miriam inspirou uma sensação forte de esperança em todos nós".

WANGARI MAATHAI

1º DE ABRIL DE 1940 (NYERI, QUÊNIA) – 25 DE SETEMBRO DE 2011 (NAIRÓBI, QUÊNIA)

"QUANDO PLANTAMOS ÁRVORES, NÓS PLANTAMOS AS SEMENTES DE PAZ E ESPERANÇA."

Wangari Maathai costumava contar uma fábula sobre um beija-flor, cuja floresta estava em chamas. Enquanto os outros animais olhavam o fogo arder, com medo de não poder fazer nada para impedir, o pequenino beija-flor correu até um riacho, tomou uma gota de água e voou até o fogo para jogar a água na chama. Ele fez isso várias vezes e, quando os outros animais disseram que não adiantava nada, que as gotículas dele nunca apagariam aquela chama enorme, o beija-flor respondeu: "Eu estou fazendo o melhor que posso." Ele sabia que era pequeno, mas acreditava que fazer alguma coisa para tentar resolver um problema era melhor do que não fazer nada. Wangari encorajava as pessoas a "serem o beija-flor" e sempre se esforçarem para fazer alguma coisa.

Wangari e os irmãos cresceram em um vilarejo queniano cercado de florestas verdejantes, riachos limpos e animais como leopardos e elefantes vivendo por perto. Foi uma infância tranquila e ela aprendeu com a terra. Também valorizava a educação de sala de aula e sempre foi uma das melhores da turma.

No final do ensino médio, Wangari foi uma entre 300 quenianos escolhidos para receber bolsas de estudo para estudar em universidades americanas (outro foi o pai do presidente Barack Obama). Nos Estados Unidos e na Alemanha, ela tirou diploma em biologia, alemão e também em anatomia, tornando-se a primeira mulher do leste da África a ter doutorado.

Wangari voltou para o Quênia, se tornou professora, criou três filhos e foi ativa em organizações internacionais dos direitos das mulheres e organizações ambientais. Também se incomodava com os problemas que acometiam seu país. O Quênia dos anos 1970 não era o Quênia da infância dela: a população cresceu e as florestas estavam sendo cortadas para abrir caminho para plantações rentáveis, como de café e chá. A pobreza, o desemprego e a desnutrição estavam em crescimento, e Wangari acreditava que a causa principal era a destruição ambiental. Enquanto florestas eram destruídas por lucro, comunidades rurais sofriam — e Wangari sabia que as mulheres eram as mais atingidas. Eram as principais cuidadoras e tinham grande responsabilidade quando o assunto era lavrar a terra, plantar a comida e alimentar as famílias. Seu belo país estava à beira da ruína.

Assim, ela foi até a raiz do problema, literalmente. Para dar poder às mulheres locais e ajudá-las a restaurar o meio-ambiente, ela começou o Green Belt Movement, que ensinou mulheres do Quênia rural a cultivar e plantar árvores que substituíssem as que estavam sendo cortadas. Wangari mostrou como encontrar sementes, cultivar mudas, plantar e cuidar das árvores. Juntas, elas criaram berçários de árvores, e as mulheres ganharam dinheiro fazendo esse trabalho, conquistaram habilidades profissionais e ajudaram o meio-ambiente. Mais árvores significavam menos erosão do solo, o que queria dizer também água mais limpa.

WANGARI MAATHAI

Quanto mais Wangari trabalhava, mais ela via ligações entre a saúde do meio-ambiente e a saúde de um país e seu povo. O Green Belt Movement cresceu além das expectativas dela. Começou com poucas mulheres plantando árvores e, em 2004, mais de 30 milhões já tinham sido plantadas por centenas de grupos por todo o Quênia. O Green Belt Movement estabeleceu uma "rede verde" para compartilhar seu trabalho com outras organizações por toda a África.

O Green Belt Movement também encorajou as pessoas a se inscreverem para votar, a falarem em nome dos seus direitos e do meio-ambiente e a fazer pressão por uma reforma política. Em 1989, Wangari e seu grupo foram contra o homem mais poderoso do Quênia, o presidente Daniel arap Moi, que queria construir um prédio comercial de 60 andares, um estacionamento e uma estátua dele mesmo no meio do Uhuru Park, um parque grande e popular no meio da capital Nairóbi. Wangari trabalhou incansavelmente para impedir o projeto, escrevendo e falando sobre como era errado o plano para o "parque monstro". Seu ativismo irritou muitos envolvidos no projeto. O presidente disse que ela devia agir como uma mulher africana direita, "respeitar os homens e calar a boca". Os protestos dela atraíram tanta atenção da imprensa que o projeto foi cancelado. Wangari teve sucesso, mas também irritou muitos políticos. Como costuma acontecer com mulheres francas e poderosas, Wangari era, muitas vezes, chamada pelos críticos de "maluca".

Durante a década seguinte, ela continuou a expandir o Green Belt Movement e também seguiu como defensora da paz, da sustentabilidade ambiental e da democracia. Ela recebeu muitos prêmios internacionais de organizações que reconheceram esses esforços, mas o seu governo via essas ações de forma diferente; em várias ocasiões, ela foi presa, surrada e até colocada na cadeia porque era vista como uma ameaça aos homens que estavam no poder.

Mas Wangari Maathai não recuou: como o beija-flor da história, ela se recusou a desistir. Em 2002, conquistou um lugar no Parlamento, com 98 por cento dos votos em seu distrito eleitoral. Em 2003, foi designada Ministra Assistente no Ministério de Meio-Ambiente e Recursos Naturais.

E, em 2004, Wangari Maathai fez história ao se tornar a primeira ambientalista e primeira mulher africana a ganhar o Prêmio Nobel da Paz. O comitê do Nobel elogiou a "contribuição dela ao desenvolvimento sustentável, à democracia e à paz". Isso surpreendeu — e aborreceu — algumas pessoas, que não compreendiam o que o seu trabalho ambiental tinha a ver com "paz". Mas a lição de Wangari era clara: se queremos cuidar dos humanos, também temos que cuidar da terra. Embora Wangari tenha falecido de câncer em 2011, seu legado ainda vive. A sua família e o Green Belt Movement criaram a Fundação Wangari Maathai, para inspirar jovens líderes com o propósito e a integridade que marcaram a vida de Wangari.

"ESTOU CHEIA DE RAIVA, MAS NÃO VOU PEGAR UMA ARMA E LUTAR. VOU USAR MINHAS PALAVRAS PARA DESTRUIR O SISTEMA DE OPRESSÃO."

Foi um professor que sugeriu pela primeira vez que Kasha Jacqueline Nabagesera era lésbica. A jovem Kasha nem sabia o que era "gay" ou "lésbica"; ela só estava sendo ela mesma. Kasha gostava de usar roupas típicas de menino e de escrever cartas de amor para meninas.

Usar "roupas de menino" não torna uma pessoa gay, mas, em uma cultura com regras rígidas sobre o que garotos e garotas devem e não devem usar, isso acabou fazendo Kasha Jacqueline se destacar. E como a homossexualidade é ilegal em Uganda, assim como em outros 38 países, esse professor informou à garota e a seus pais que ela tinha que sair da escola.

Essa discriminação continuou durante toda a infância: ela foi surrada, sofreu bullying e foi expulsa de escolas. Essas experiências a tornaram a líder destemida que ela é hoje. A "Mãe do Movimento dos Direitos Gays" de Uganda começou a falar contra a homofobia na faculdade. Aos 23 anos, ela fundou o Freedom and Roam Uganda (FARUG), uma das organizações principais de lésbicas, gays, bissexuais, transgêneros e intersexuais (LGBTI).

Em 2009, o governo de Uganda propôs uma lei tornando as punições para pessoas suspeitas de serem homossexuais bem piores: ser gay era passível até de pena de morte em alguns casos. Ataques homofóbicos violentos aos ugandenses LGBTI aumentaram, e os jornais populares expunham pessoas que eram gays ou com suspeitas de serem homossexuais. Quando um jornal publicou fotos de Kasha Jacqueline e amigos, tiradas sem permissão, eles reagiram processando o veículo — e venceram. Foi uma vitória importante, mas um dos amigos mais próximos de Kasha Jacqueline, David Kato, foi morto pouco tempo depois.

Kasha sabia que continuar sua luta queria dizer arriscar a própria vida, mas tinha que seguir em frente. Continuou trabalhando com o FARUG e fundou a Bombastic, uma revista LGBTI online que foi baixada mais de duas milhões de vezes em um ano. Ela testemunhou perante às Nações Unidas, apareceu na TV e no rádio e continuou a desafiar leis injustas nos tribunais de Uganda. Foi presa, atacada e assediada, e foi obrigada a mudar de casa toda hora, vivendo escondida com amigos e apoiadores.

Kasha Jacqueline é uma das últimas ativistas LGBTI proeminentes vivas em Uganda. A maioria dos outros fugiu do país ou foi morta. "Se desistirmos agora", questiona Kasha Jacqueline, "o que vai acontecer com o futuro?".

Ela recebeu prêmios de direitos humanos e, em 2015, apareceu na capa da edição europeia da revista Time. Viajou para Nova Iorque para ser a mestre de cerimônias da maior parada do orgulho gay do mundo, e adorou comemorar lá, mas quer a mesma liberdade para amar no seu país. E não vai parar de lutar por isso.

"NENHUM MEMBRO DA UNIÃO DEVIA SE ACHAR MELHOR DO QUE OS OUTROS. TODOS DEVEM TER LIBERDADE E FELICIDADE JUNTOS."

Francis Abigail Olufunmilayo Thomas nasceu no estado de Ogun, na Nigéria. Seu pai era professor, e a educação era a maior prioridade na sua família. Funmilayo (o nome que ela usava) foi a primeira aluna mulher em sua escola de ensino fundamental. Depois, ela estudou na Inglaterra e, quando voltou para a Nigéria, também se tornou professora.

As sementes do ativismo e da liderança de Funmilayo foram plantadas em 1932, quando ela reuniu algumas jovens e mulheres para criar o Abeokuta Ladies Club (ALC). O clube era pequeno e suas reuniões educadas eram concentradas em aprender etiqueta, beber chá e fazer artesanato.

Em 1944, uma ex-aluna foi visitar Funmilayo e a apresentou a uma mulher do mercado que queria aprender a ler. As mulheres cuidavam dos mercados nigerianos, o coração da economia da região. Elas trocavam e vendiam comida, tecidos e outros bens e serviços. A maioria das mulheres do mercado era pobre e analfabeta, e elas se perguntavam: o ALC poderia ajudá-las a aprender a ler?

Sob a orientação de Funmilayo, o clube se expandiu para incluir as mulheres do mercado como membros e começou a dar aulas de alfabetização. Mas, quando Funmilayo começou a conhecer as novas alunas, ela percebeu que o analfabetismo não era o único obstáculo: elas também sofriam injustiças diárias nas mãos da polícia e de funcionários do governo.

A Nigéria era uma colônia britânica na época, e os britânicos impunham impostos injustos que estavam estragando os negócios nigerianos. Antes do domínio britânico, as mulheres determinavam os locais dos mercados, as datas e os preços e decidiam que bens trocar. Sob a política britânica, elas eram forçadas a trocar bens que ninguém queria e eram ameaçadas por funcionários que tomavam seus produtos, principalmente o valioso arroz, sem motivo nenhum. Funmilayo ficou furiosa.

Em pouco tempo, o clube de mulheres, que começou com chá e sanduíches, era uma força política organizada. Em 1945, os membros do ALC fizeram uma coletiva de imprensa para chamar atenção para a exploração das mulheres trabalhadoras. O jornal publicou um artigo e, uma semana depois, as apreensões de arroz pararam. Isso foi só o começo. O ALC cresceu até incluir 20 mil membros comprometidos com a reforma do país e o empoderamento das mulheres. Falavam sobre educação, saúde e o direito ao voto. Em 1947, Funmilayo era a única mulher em uma delegação que foi a Londres defender a independência da Nigéria.

O legado de Funmilayo e do ALC vive de muitas formas, inclusive no fato de que ela e a cofundadora do ALC, Eniola Soyinka, criaram cada uma delas um filho incrível. O filho de Eniola, Wole Soyinka, tornou-se o primeiro africano a ganhar o Prêmio Nobel de Literatura, enquanto o filho de Funmilayo, Fela Kuti, um músico famoso, cujas canções poderosas contavam a história da Nigéria.

"ESCOLHER ESCREVER É REJEITAR O SILÊNCIO."

Quando criança, Chimamanda Adichie amava ler, principalmente livros da escritora britânica de livros infantis, Enid Blyton. A jovem até escreveu suas próprias histórias baseadas nos personagens de Blyton — todos brancos e vivendo com alegria no campo britânico. Chimamanda, que é nigeriana, não tinha ideia de que africanos negros "podiam realmente existir" em livros. Quando ficou mais velha, ela leu livros dos escritores Chinua Achebe e Camara Layes e percebeu que as garotas parecidas com ela, de pele escura e cabelo crespo, também podiam ser personagens de livro. "Quando criança, você não tem coragem suficiente para mudar as coisas", diz ela, "até alguma coisa fazer você perceber que pode escrever sua própria história."

Chimamanda foi criada em Nsukka, Nigéria, onde fica a Universidade da Nigéria. Ela e os irmãos cresceram no campus da faculdade; seu pai era professor e a mãe foi a primeira secretária mulher da universidade. Chimamanda sempre foi uma aluna exemplar. Ela adorava ciências e os pais a encorajaram a estudar medicina, mas ela nunca se esqueceu do amor pelos livros e por contar histórias.

Aos 19 anos, Chimamanda se mudou para os Estados Unidos para seguir os estudos. A colega de quarto americana ficou animada de conhecer uma pessoa da África, mas tinha expectativas muito estereotipadas. Ela não conseguia acreditar que Chimamanda sabia falar inglês e usar um fogão, e que ouvia música pop. Chimamanda se refere a isso como "o perigo de uma única história" —

quando contamos só uma história sobre um grupo específico de pessoas e esperamos que todos sejam assim.

Quando estava no último ano da faculdade, Chimamanda começou a trabalhar em um livro. Ela estava morando com a irmã, cuidando de crianças e fazendo trabalho doméstico, além de estudar. Mal tinha tempo de escrever, então, acordava às duas da madrugada para trabalhar no livro. Esse esforço compensou: *Hibisco roxo* foi publicado quando ela tinha apenas 26 anos e ganhou muitos prêmios. Ela publicou mais três livros, inclusive o romance vencedor *Americanah*. A escrita de Chimamanda se recusa a contar uma única história; mostra o amplo espectro do que quer dizer ser africano, americano, negro, branco, homem e mulher.

Em 2013, Chimamanda ficou surpresa quando a cantora Beyoncé ouviu uma de suas palestras e perguntou se podia incluir uma parte na música "Flawless". Nela, Chimamanda oferece uma definição para algo muito importante para elas: o feminismo. "Nós ensinamos as garotas a se encolherem, a se tornarem menores. Nós dizemos para as garotas: 'Você pode ter ambição, mas não muito. Você deve querer ser bem-sucedida, mas não demais. Feminista: uma pessoa que acredita na igualdade social, política e econômica de gênero." A música tornou-se muito popular, e Chimamanda e Beyoncé levam o crédito de terem apresentado uma nova geração de jovens às ideias básicas do feminismo.

"AGORA, MEU CORAÇÃO SE REVIRA, ENQUANTO PENSO NO QUE AS PESSOAS VÃO DIZER. OS QUE VÃO VER MEUS MONUMENTOS NOS ANOS QUE VIRÃO E OS QUE VÃO FALAR DO QUE EU FIZ."

A palavra *Hatshepsut* quer dizer "Primeira das Damas Nobres" — um nome grandioso e bonito para a primeira e única líder mulher do antigo Egito. Hatshepsut era filha do rei Tutmés I e da rainha Amósis. Quando Hatshepsut era nova, o pai morreu e ela se casou com o meio-irmão, que tinha herdado o trono. Isso a tornou a maior Grande Esposa Real, a mais poderosa rainha do Egito. Quando o meio-irmão morreu, o poder dele foi transferido não para a rainha Hatshepsut, mas para o enteado dela, Tutmés III, apenas um bebê na época. Durante os sete anos seguintes, Hatshepsut governou em nome do bebê, junto com Tutmês. Mas a determinada Hatshepsut tinha uma grande ambição: ela queria ser rei.

As rainhas egípcias podiam ser muito poderosas, mas não era a mesma coisa que ser rei, que sempre tinha mais poder. Assim, Hatshepsut se declarou faraó, ou rei, alegando que o pai queria que ela governasse. Para ajudar a convencer o povo de que era o rei por direito, ordenou que entalhes fossem feitos nos muros do templo dela, mostrando-a como a filha não só do rei Tutmés, mas também do grande deus Amon-Rá. Ela teve a inteligência de mandar retratá-la com as marcas distintas de um rei homem, inclusive uma barba falsa e comprida e um enfeite de cabeça listrado. Em algumas representações, tinha corpo de mulher, além da barba e do adereço de cabeça; em outras, tinha um corpo masculino, musculoso. Todos sabiam que ela era mulher, mas as imagens ajudaram com que ela fosse aceita como rei.

Hatshepsut foi uma governante bem-sucedida e pacífica por 22 anos. Em vez de ir para a guerra, ela desenvolveu relacionamentos positivos com países vizinhos. E foi uma das maiores construtoras do antigo Egito, tendo encomendado centenas de projetos de construção. Ela reformou monumentos e templos importantes e sua tumba enorme é considerada um dos grandes trabalhos da arquitetura egípcia.

Claramente, Hatshepsut queria que seu legado permanecesse e suas realizações fossem reconhecidas. Ela tem centenas de estátuas dela mesma em templos e santuários e deixou relatos detalhados de sua vida em entalhes de pedra. Talvez tivesse medo de as gerações futuras não acreditarem que uma mulher pudesse governar como ela governou ou de que alguém pudesse tentar apagar seu legado.

Depois que Hatshepsut morreu, o enteado agora crescido se tornou rei. Naquela época, alguém tentou apagar todas as provas do governo de Hatshepsut. Seu nome foi raspado de inscrições em paredes de templos e o rosto, quebrado em muitas estátuas. Só em 1903, quando um arqueólogo encontrou sua tumba, a história dela ficou conhecida. Assim, as poderosas mulheres egípcias que vieram depois dela, como Cleópatra, talvez nunca tenham sabido de uma das maiores governantes do Egito. Graças aos esforços dos egiptologistas do século XX, a história de Hatshepsut e suas realizações foram descobertas.

MÃES DA PLAZA DE MAYO

INÍCIO EM 1977 (BUENOS AIRES, ARGENTINA)

"UMA DAS COISAS QUE NÃO VOU FAZER É CALAR A BOCA."
—MARÍA DEL ROSARIO DE CERRUTI, UMA DAS MÃES

No dia 30 de abril de 1977, Azucena Villaflor de Vincento e outras 13 mulheres foram para a Plaza de Mayo, uma praça pública na capital da Argentina. Elas se sentaram em bancos segurando seu tricô, morrendo de medo de serem presas. Reuniões de mais de três pessoas eram ilegais e, quando a polícia as mandou ir embora, elas começaram a andar pela praça duas a duas. Essas 14 mulheres eram todas mães, e continuariam a se encontrar lá todas as quintas-feiras durante os 38 anos seguintes, arriscando as vidas e as famílias em busca de um objetivo: descobrir o que havia acontecido com seus filhos desaparecidos.

De 1976 a 1983, a Argentina foi controlada por uma ditadura militar que queria eliminar qualquer um que se opusesse a ela. Durante essa época, às vezes conhecida como "Guerra Suja", milhares de homens e mulheres foram levados pelo governo e desapareceram repentinamente de suas casas, de locais de trabalho, de salas de aula e das ruas, para nunca mais serem vistos. Eram chamados *los desaparecidos* ("os desaparecidos"): estudantes, artistas, professores, ativistas, servidores sociais e cidadãos que expressaram insatisfação com o regime militar. Até parentes deles corriam risco. Ninguém sabia se estavam vivos ou não. O governo negava ter qualquer envolvimento com esses desaparecimentos, e a maioria dos cidadãos tinha medo de falar.

Azucena era uma mulher da classe trabalhadora. Seu filho, Néstor, e a esposa tinham desaparecido. Ela passou meses tentando encontrá-los, indo a delegacias e órgãos do governo. Conheceu outras mulheres que também procuravam seus filhos. A polícia muitas vezes ria delas, dizendo que seus filhos e filhas eram criminosos que tinham fugido. As mães contavam suas histórias umas para as outras e, frustradas pelas buscas infrutíferas, decidiram agir. Elas selecionaram a Plaza de Mayo, uma praça pública em frente à rua do palácio presidencial, para a primeira manifestação.

As mulheres estavam correndo um risco enorme ao aparecer em público, mas encontraram força nos números. Elas marcharam juntas em um grupo grande e altamente visível e, a cada semana, mais mulheres se juntavam. Elas começaram a usar lenços brancos na cabeça bordados com os nomes dos filhos; os lenços representavam as fraldas que os filhos já tinham usado, assim como a pomba branca da paz. O cântico era simples,

MÃES DA PLAZA DE MAYO

mas poderoso: "Queremos nossos filhos e queremos saber onde estão." Algumas *madres* levavam itens que pertenciam aos entes queridos desaparecidos e muitas carregavam fotos ou escreviam nomes em cartazes.

No final do ano, havia mais de 150 *madres* marchando a cada semana. Elas eram acossadas pela polícia, mas permaneciam juntas. No Dia das Mães, publicaram uma carta em um grande jornal. Dirigida ao presidente da Suprema Corte, aos líderes militares e à igreja, dizia: "A tortura mais cruel para uma mãe é a incerteza sobre o destino dos filhos. Pedimos um processo legal para determinar sua inocência ou culpa." Em seguida, elas enviaram ao governo uma petição com 24 mil assinaturas e os nomes de 537 pessoas que estavam desaparecidas.

O mundo começou a prestar atenção. Os Estados Unidos enviaram uma equipe para investigar e, quando a Argentina recebeu a Copa do Mundo de 1978, os jornalistas fizeram matérias sobre as manifestações. Muitos jogadores profissionais de futebol se juntaram às *madres* para demonstrar solidariedade. Ninguém esperava que um grupo de mães sofredoras chamasse atenção internacional para esses crimes. O governo tentou desacreditá-las, chamando-as de *las locas* (as loucas), e também mandou atacá-las. As *madres* foram surradas e presas, e três das *madres* fundadoras, inclusive Azucena, acabaram "desaparecendo" também. Mas isso não fez com que as mulheres parassem. Elas abriram um escritório, tornaram a organização oficial e viajaram pelo mundo, encontrando líderes e grupos de direitos humanos. "Na praça nós nos sentíamos fortes", elas disseram depois. "A praça nos fazia sentir mais próximas dos nossos filhos."

Em 1983, a Argentina teve eleições e o regime militar terminou. Enquanto muitos dos homens responsáveis pelo regime foram presos, as *madres* continuaram agindo, determinadas a conseguir justiça e saber o que aconteceu com seus amados desaparecidos. Atualmente, qualquer um que visite a Plaza de Mayo, em Buenos Aires, vai ver o chão pintado com um grande círculo de lenços de cabeça brancos, em homenagem a essas corajosas líderes e à força do amor delas.

"EU ACHO QUE A MULHER DO FIM DO MUNDO É AQUELA QUE BUSCA, É AQUELA QUE GRITA, QUE REIVINDICA, QUE SEMPRE FICA DE PÉ. NO FIM, EU SOU ESSA MULHER."*

Elza nasceu na favela Moça Bonita, em Padre Miguel. Casou-se aos 12 anos, por ordem do pai, e teve seu primeiro filho aos 13. Quando a criança adoeceu, Elza precisou muito de dinheiro. Sempre sonhou em ser cantora, então, arriscou a sorte participando do programa de calouros do Ary Barroso, na Rádio Tupi. Quando pisou no palco, o famoso cantor e apresentador fez pouco de suas roupas maltrapilhas e toda a plateia riu. É lendária a ocasião em que Ary perguntou estarrecido a ela: "de que planeta você veio?", ao que ela respondeu sem titubear: "do planeta Fome". Ela não se abalou com as provocações e cantou a toda voz. Foi ovacionada e Ary sentenciou: "senhoras e senhores, nasce uma estrela". E nasceu mesmo! Elza tornou-se conhecida pela interpretação marcante que dava a sambas como "Mas que nada", "Se acaso você chegasse", entre outros. Sua voz rouca e vibrante era sua marca registrada.

Em 1962, representou o Brasil na Copa do Mundo, sediada no Chile, e conheceu Louis Armstrong, que falou: "Ela tem um saxofone na garganta". Até então, a cantora não conhecia muito da música negra americana, mas mesmo assim incorporava intuitivamente trejeitos do jazz. E, a partir desse encontro, foi chamada de "a filha de Louis Armstrong". Aos 25 anos, com sua carreira já iniciada, Elza conheceu e se envolveu com o jogador Garrincha. Ela sofreu preconceito e machismo além de todos os limites. Enquanto diziam que ela se aproveitava da fama do jogador e era jurada de morte, a cantora era vítima constante de violência doméstica. Sua vida foi marcada por outras inúmeras dores — perdeu a mãe em um acidente de carro, em que Garrincha dirigia bêbado e também enterrou quatro filhos — a resiliência é uma marca de sua carreira. O maior reconhecimento como artista viria em 1999, quando foi eleita a cantora brasileira do milênio pela rádio BBC, em Londres. Em 2002, concorreu ao Grammy com seu álbum *Do Cóccix até o Pescoço*. O título foi inspirado pelo período que, após sofrer uma queda de três metros, no mesmo ano, a cantora ficou em uma cadeira de rodas por meses.

Elza é a definição de força e coragem. É avessa a cerimônias: em entrevista a uma revista, então com 78 anos, disse ao repórter, "Se me chamar de senhora, eu te mato". Em 2014, passou por uma cirurgia que colocou oito pinos em sua coluna e diminuiu a velocidade de seus movimentos, mas ainda faz shows e turnês. Em 2016, lançou o disco *A Mulher do Fim do Mundo*, que foi eleito um dos melhores do ano pelo prestigiado jornal New York Times.

Suas músicas falam sobre amor, negritude, política, feminismo, homofobia, transsexualidade — temas sobre os quais conversa com fluência. Em "Maria de Vila Matilde" (música de seu último disco, *A mulher do fim do mundo*), ela fala das agressões físicas que sofreu e alerta as mulheres que a violência deve ser denunciada. Sobre o título do álbum, Elza explica que "a mulher do fim do mundo" é aquela com poder para denunciar, que não se cala diante do que está errado.

* Em entrevista para Huffpost

"EU PODIA SER PEQUENA, MAS ERA UMA GAROTINHA VALENTE."

Um leito de rio seco em vez de campo verde, sacolas de plástico enroladas em vez de bola, garotos agressivos que não queriam jogar com meninas. Foi assim que uma garota pequena e determinada chamada Marta Vieira da Silva aprendeu a jogar futebol — e foi assim que se tornou Marta, a maior jogadora de futebol feminino do mundo. As pessoas da remota cidade de Dois Riachos, no Brasil, fofocavam sobre Marta, incomodadas por ela não estar brincando de boneca. A mãe solteira e trabalhadora dizia para ela esquecer o futebol, mas ela não conseguia e não queria parar com o esporte.

O futebol, esporte mais popular do mundo, foi levado para o Brasil pelos britânicos no começo dos anos 1900. Ficou popular rapidamente e, em 1930, já havia muitos times femininos. Mas o então presidente Getúlio Vargas decidiu que esportes eram ruins para as mulheres. Em 1941, ele criou um decreto: "Mulheres não vão poder praticar esportes considerados incompatíveis com sua natureza feminina". Essa proibição foi anulada somente em 1979 — apenas sete anos antes de Marta nascer.

Com apenas um metro e sessenta de altura, Marta sempre teve que jogar com mais intensidade, mais rapidez e mais inteligência do que os garotos que duvidavam dela. Aprendeu a driblar com malandragem, a ser mentalmente forte e a jogar no corpo a corpo com os grandes zagueiros. "Eu me lembro de ter que brigar só para jogar", diz ela. "Alguns dos meus companheiros de time achavam que era vergonhoso jogar com garotas". Ela se dedicou, tornou-se melhor do que os meninos, venceu torneios e conquistou a atenção de técnicos e olheiros.

Aos 14 anos, Marta se mudou para a cidade do Rio de Janeiro para ir atrás dos seus sonhos no futebol. Não tinha tido nenhum treinamento formal e aprendeu tudo nas ruas. Mas ainda era uma das melhores jogadoras que já tinham visto. Com técnicos que a apoiavam, ela se desenvolveu ainda mais rápido e começou a jogar em um time feminino.

Mas os times femininos não dão muito dinheiro, e muitas ligas tiveram que acabar. Durante anos, Marta ficou entre o Brasil, a Suécia e os Estados Unidos, jogando em times diferentes, marcando gols e impressionando espectadores. Ela ficou conhecida como a "Pelé feminina", uma referência ao melhor jogador de todos os tempos.

Marta chamou a atenção do mundo durante a Copa do Mundo de 2007. Em um jogo de semifinal contra os Estados Unidos, a jogadora de 21 anos fez uma série de jogadas tão impressionantes (inclusive a marcação de um gol) que o seu vídeo viralizou e foi assistido por milhões. Ela foi escolhida como Melhor Jogadora do Mundo da FIFA por cinco anos consecutivos, mais do que qualquer outra pessoa, homem ou mulher. E, como integrante da seleção brasileira feminina, ganhou duas medalhas olímpicas.

"AINDA QUE VOCÊ NUNCA FAÇA UM [ABORTO], É ESSENCIAL SABER QUE, A PARTIR DA LEGALIZAÇÃO DELE, A VIDA DE MUITAS MULHERES PODE SER SALVA."*

A missão de Debora Diniz, cuja trajetória é cercada por uma riqueza acadêmica ímpar e muito trabalho duro, é bastante clara: garantir às mulheres brasileiras autonomia sobre seus próprios corpos. Como? Com a descriminalização total do aborto no Brasil.

Nascida em Maceió, Alagoas, Debora desde cedo pautou sua missão em causas sociais. Graduou-se em Ciências Sociais pela Universidade de Brasília (UnB), onde também fez mestrado e doutorado em Antropologia. Foi a universidade que inspirou em Debora o sentimento de luta. Em um evento, lembrou aos alunos: "O mundo é muito mais diverso e plural do que os limites do território do nosso corpo, das nossas vidas e famílias. A Universidade serve para ensinar isso."

As pesquisas de seu doutorado a levaram para o Instituto de Medicina Social da UERJ (Universidade do Estado do Rio de Janeiro) e para a área de Direito na Universidade de Toronto e de Michigan. Foi pesquisadora contribuinte em Tóquio, Inglaterra, França e Holanda. Com um currículo afiado como este, Debora construiu bases sólidas para se tornar uma das pesquisadoras sociais mais importantes do Brasil. Atualmente, é professora do curso de direito da UnB e pesquisadora da ANIS, Instituto de Bioética. Envolveu-se com o tema ainda nos anos 90, quando ele se tornou mais forte no Brasil. Em 2002, a Organização Pan-Americana de Saúde instituiu o prêmio Manuel Velasco-Suárez em Bioética com o objetivo de premiar jovens pesquisadores latino-americanos. O prêmio já foi entregue

quatro vezes, sempre para mulheres. A primeira delas, naturalmente, foi Debora, com a pesquisa *Informação genética e justiça: um desafio bioético*. Seu estudo é geralmente focado em gênero, estudando a perspectiva da mulher em diversos ambientes. Em 2015, escreveu o livro *Cadeia: relatos sobre mulheres*, expondo a realidade das mulheres brasileiras em situação de encarceramento. Com seus documentários, como *A Casa dos Mortos*, sobre a situação dos manicômios judiciários do Brasil, Debora expôs realidades com as quais não estamos acostumadas a lidar.

Dentre os maiores legados de Debora, está a luta pela legalização do aborto. Em 2004, ela fez parte de um grupo de advogados, acadêmicos e articulistas que pedia a autorização de interrupções em caso de fetos anencéfalos. No ano seguinte, dirigiu, em parceria com a jornalista Eliane Brum, o documentário *Uma História Severina*, que retrata o drama de uma mulher pernambucana que, ao descobrir que carregava um feto anencéfalo, conseguiu permissão para encerrar a gravidez. Porém, no dia em que foi realizar o aborto, o STF proibiu a cirurgia — e ela teve que voltar para casa com a criança ainda no útero. Em 2010, Debora conduziu a pesquisa sobre aborto no Brasil mais completa até então: em parceria com a UnB, descobriu que uma em cada cinco brasileiras de 40 anos (22%) já fez pelo menos um aborto. Foi uma revelação de proporções arrasadoras, que marcou a história do estudo de saúde familiar no Brasil.

* Publicado no site Think Olga

"NÃO TEM AQUELA HISTÓRIA DE QUE EM BRIGA DE MARIDO E MULHER NINGUÉM METE A COLHER? A LEI MARIA DA PENHA É TOTALMENTE CONTRA ESSE PENSAMENTO."*

A cearense Maria da Penha Maia Fernandes revolucionou a forma como o Brasil enxerga e lida com a violência doméstica. Farmacêutica bioquímica, formada pela Universidade Federal do Ceará, ela conheceu o colombiano Marco Antonio Heredia Viveiros enquanto fazia mestrado em parasitologia, em São Paulo. Namoraram, casaram, tiveram três filhas e o relacionamento tornou-se permeado por agressões à esposa e às crianças. Ao desabafar com amigas, diziam que "era assim mesmo" e que ela devia "começar a rezar".

Foi então que, em 29 maio de 1983, a vida de Maria da Penha mudou para sempre. Enquanto ela dormia, levou um tiro nas costas. Confusa e com dor, não entendeu o que havia acontecido e, mais importante, não viu quem havia atirado. Heredia mentiu dizendo que um invasor havia arrombado a casa para roubá-la.

Maria da Penha foi socorrida pelos vizinhos e passou quatro meses no hospital. Sobreviveu, mas a agressão causou paraplegia. Ao voltar para casa, ela passou a viver aprisionada pelo marido. Não podia fazer nada para conter as agressões do marido às filhas ou a si mesma.

A família de Maria da Penha entendia a gravidade da situação e se moveu em paralelo para obter a separação. Quinze dias depois da liberação de sua internação, em outubro de 1983, ela sofreu uma nova tentativa de assassinato: Heredia mexeu em cabos elétricos do chuveiro para eletrocutar a esposa enquanto tomava banho. Ao sentir

que levava pequenos choques no box, evitou o banho com a ajuda da babá das crianças.

Quando Heredia viajou, ela saiu de casa e deu início a um processo jurídico contra o ex-marido. Foram oito anos até que ele recebesse julgamento pelo que fez — e, apesar de todas as evidências de que era culpado por cada um desses crimes, saiu em liberdade. Maria da Penha sentia-se sozinha e desesperada. Para alertar a todos sobre os horrores que estava vivendo, escreveu um livro, publicado em 1994: *Sobrevivi... Posso contar.* O livro repercutiu. Maria foi procurada por grupos de direitos humanos, denunciou o Brasil na OEA (Organização dos Estados Americanos), uma vez que o país havia assinado um tratado em que se comprometia a aumentar a segurança para as mulheres e reduzir a impunidade dos agressores, mas não cumpria isso. Após pressão externa, o Brasil foi obrigado a rever suas políticas de contenção à violência contra a mulher. A lei 11.340, de 7 de agosto de 2006, leva o nome de Maria da Penha e previne a violência doméstica e familiar de forma clara. Hoje, ela comanda o Instituto Maria da Penha ao lado das três filhas.

Em 2016, carregou a Tocha Olímpica dos Jogos Olímpicos do Rio de Janeiro pelas ruas de Fortaleza, sua terra natal. Na curta trajetória até acender a pira, o público gritava "machistas não passarão". Essa é a luta de Maria da Penha e o propósito da lei de mesmo nome!

* Em entrevista ao Jornal Santa Catarina

SONIA BONE GUAJAJARA

6 DE MARÇO DE 1974 (TERRA INDÍGENA ARARIBÓIA, MARANHÃO, BRASIL)

ESCRITO POR JULES DE FARIA

"GUAJAJARA É MULHER MUITO FORTE, AGUERRIDA, LUTADORA. [...] INDEPENDENTES, SÃO ELAS QUE DEFINEM QUALQUER LUTA."*
(FALANDO SOBRE SEU POVO)

Sonia Bone Guajajara costuma dizer que, para ser indígena no Brasil, é necessário ter a paciência de um "velho sábio". Desde criança, ouvia com rejeição os mais variados preconceitos sobre as tribos: que só podiam trabalhar na roça, que deveriam ficar isoladas na mata, que há muita terra para pouco índio...

A menina sonhava com uma realidade diferente para as comunidades – principalmente para seu povo Guajajara, que vive em risco no Maranhão – diante das ameaças de invasões para exploração ilegal de madeira, incêndios e pelos casos de assassinato na região. Uma de suas tias costumava dizer que Sonia era a "escolhida" para guerrear, usando as palavras, pelos direitos da tribo. Filha de pais analfabetos, mas nunca os considerou ignorantes e mesmo sem ter alguém fora da aldeia que pudesse acolhê-la, Sonia correu atrás: dos 10 aos 14 anos, conseguiu cursar o ensino fundamental. Para conseguir bancar seus estudos, trabalhava como babá e empregada doméstica. Aos 15, mudou-se para o interior de Minas Gerais, onde cursou o Magistério. Suas notas excelentes pareciam comprovar a profecia. E, em 1992, ela retornou ao Maranhão com o intuito de se envolver em projetos de educação e saúde para aldeias. Falava sobre drogas, DSTs (doenças sexualmente transmissíveis) e álcool. Também assumiu um cargo de professora em uma escola municipal.

Um ano depois, foi convidada pela Igreja Católica de Amarante a fazer um estágio em Medicina Alternativa, em Lins, São Paulo. Ficou por lá cinco meses, apaixonou-se pelo tema e, em 1995, retornou a Minas Gerais para um curso de Auxiliar de Enfermagem. Em paralelo, a batalha seguia: viajava frequentemente com delegações de seu povo até Brasília para reivindicar direitos das tribos indígenas. Era considerada a relatora oficial dos Guajajara e ganhou o apelido de "a grande pequenina", por sua imensa bravura.

Com uma aproximação do movimento indígena organizado e de outras entidades aliadas, Sonia ampliou sua participação nas políticas indigenistas em nível nacional. Foi o início de uma importante institucionalização do movimento no Brasil e, desde então, seu nome virou símbolo de luta. Em 2008, participou do Fórum Permanente da ONU para Questões Indígenas, em Nova Iorque, e, em um ato de coragem, Sonia ressaltou que os discursos orbitavam em torno dos Estados Unidos, mas que o país não era o centro do mundo. "O centro do mundo é a Amazônia, pois se acabarem com as nossas matas e riquezas naturais, não haverá Estados Unidos ou Nova Iorque que sobreviva." Depois disso, chegou a encontrar com a assessoria do então presidente Barack Obama para falar sobre a importância da organização indígena e dos indígenas para a preservação do meio ambiente e para o equilíbrio do clima. Em 2015, recebeu a Ordem do Mérito Cultural, uma premiação a personalidades que enriqueceram a cultura brasileira, das mãos da então presidente Dilma Rousseff. E, no ano seguinte, carregou a Tocha Olímpica dos Jogos Olímpicos do Rio de Janeiro.

* Em entrevista ao Instituto Socioambiental

> "A TERRA É NOSSA MÃE, E ELA ESTÁ VIVA.
> VAMOS DEFENDÊ-LA E LUTAR POR ELA ATÉ O FIM."
> —NICOLASA QUINTREMAN

Berta e Nicolasa Quintreman fazem parte do povo mapuche, o maior grupo indígena do Chile. Os mapuches vivem no pé das Montanhas dos Andes do Chile há mais de 500 anos. As duas irmãs viviam pacificamente em sua aldeia até a construção de uma barragem enorme ameaçar a existência delas. Com a necessidade de ter que sair de sua terra sagrada, as irmãs idosas resistiram à pressão. Sua luta silenciosa por dignidade desencadeou um novo movimento ambiental no país.

Durante os anos 1980, uma corporação chamada Endesa queria construir uma barragem de 50 metros no Biobío, um rio caudaloso que é o lar ancestral e o coração econômico dos mapuches. Barragens são estruturas enormes que bloqueiam rios. Embora nem toda barragem seja prejudicial, ao bloquear o fluxo das águas, podem-se destruir ecossistemas. E, quando áreas amplas são intencionalmente inundadas, o povo que mora à beira do rio é forçado a se deslocar.

A represa só poderia ser construída se Berta, Nicolasa e outras 93 famílias da aldeia mapuche aceitassem sair de suas terras. A Endesa prometeu casas novas, empregos e dinheiro caso os moradores aceitassem. Algumas famílias concordaram, mas Nicolasa e Berta não aceitaram a proposta, mesmo quando a Endesa ofereceu mais de 1 milhão para elas. As irmãs idosas se tornaram, então, líderes do movimento e trabalharam, para convencer as outras famílias a permanecerem firmes ao lado delas.

A resistência foi vigorosa, mas pacífica. Elas organizaram manifestações e testemunharam perante o congresso. Usando as roupas coloridas tradicionais dos mapuches, Nicolasa e Berta enfrentaram diretamente os líderes da Endesa. Elas citaram leis chilenas feitas para proteger os direitos do povo indígena à terra. As manifestações ganharam atenção mundial, e o presidente chileno e a Endesa ficaram constrangidos e com raiva. Ninguém esperava que os mapuches resistissem assim, e isso se prolongou por mais de 10 anos.

Mas a Endesa continuou a pressioná-los. A polícia invadiu a casa das irmãs Quintreman e de seus vizinhos, jogando incontáveis pessoas na cadeia por defenderem sua terra. Com o passar dos anos, mais famílias aceitaram sair e as irmãs Quintreman se sentiram sozinhas na luta. Elas estavam envelhecendo e Nicolasa ficou cega. No final, Nicolasa fez um acordo com a Endesa: ela venderia sua terra em troca da libertação dos que estavam sendo mantidos como prisioneiros políticos por terem protestado.

Apesar de a resistência das irmãs Quintreman não ter impedido a construção da barragem, os seus esforços tiveram grande impacto. O congresso do Chile fortaleceu as proteções ambientais da nação e as irmãs inspiraram muitos outros líderes indígenas e ativistas, que impediram mais 20 projetos de energia danosos ao ambiente. Essas duas mulheres idosas, de uma cultura isolada, deixam um legado de dignidade, mostrando-nos como é defender sua comunidade e seu planeta.

POLICARPA "LA POLA" SALAVARRIETA

26 DE JANEIRO DE 1795 (GUADUAS, COLÔMBIA) – 14 DE NOVEMBRO DE 1817 (BOGOTÁ, COLÔMBIA)

"NÃO ESQUEÇAM MEU EXEMPLO."

A história da Colômbia teve início no século XVI, quando foi conquistada pelos espanhóis. No começo do século XIX, havia tensão entre os que queriam a independência (os revolucionários) e os que eram leais à Espanha (os lealistas). Em 1817, os espanhóis enviaram tropas pelo mar, na esperança de manter o controle das colônias sul-americanas. Mas uma revolução estava começando na Colômbia e foi para isso que Policarpa "La Pola" Salavarrieta viveu e morreu.

Órfã desde pequena, Policarpa morava com os padrinhos e irmãos. Eles acreditavam na necessidade de independência e liberdade do governo espanhol. Quando adolescente, ela e vários irmãos se tornaram revolucionários ativos; os garotos lutavam, enquanto ela ajudava os soldados. Ela também aprendeu a costurar e encontrou trabalho.

Determinada a se envolver mais na resistência, Policarpa e um dos irmãos entraram na capital Bogotá usando documentos falsos. Graças às suas habilidades de costureira, Policarpa logo conseguiu trabalho nas casas de vários lealistas e oficiais do alto escalão. Ela fazia vestidos e uniformes — e ouvia conversas militares importantes. A costureira era, na verdade, uma espiã.

Em pouco tempo, Policarpa era um membro essencial da resistência clandestina. Apelidada de "La Pola", ela recolhia dinheiro, transferia informações e recrutava novos revolucionários. Tudo isso funcionou bem, até ela ser descoberta. Ela foi acusada de cometer espionagem e traição. Os espanhóis ofereceram a ela uma chance de renunciar às atividades, mas ela não quis e, por isso, foi sentenciada à morte.

Sua execução pública foi marcada para a manhã do dia 14 de novembro de 1817. Ela foi levada com as mãos amarradas, com dois padres ao lado. Quando ofereceram uma última taça de vinho, ela recusou, dizendo que não aceitaria nada dos inimigos. Esse foi só o começo de sua rebelião final: a língua de La Pola era ainda mais afiada do que a sua agulha de costura.

Em vez de repetir as orações finais do padre, ela começou a gritar para todo mundo ouvir. Xingou os espanhóis, previu a derrota deles e declarou seu amor pelos revolucionários. O governador ordenou que os soldados tocassem os tambores mais alto para sufocar os protestos dela, mas ela ergueu a voz ainda mais. Insultou os executores por se prepararem para atirar em uma mulher e, quando mandaram que virasse as costas para o pelotão de fuzilamento, ela se virou para olhar para eles: "Tenho mais do que coragem suficiente para sofrer esta morte e mil outras", gritou ela. "Não esqueçam meu exemplo."

La Pola continua sendo heroína da independência na Colômbia. Há uma estátua dela em Bogotá, e seu rosto está em cédulas, moedas e em selos. O dia 14 de novembro, data da morte dela, é conhecido como "Dia das Mulheres Colombianas".

BASTARDILLA

(COLÔMBIA)

"MESMO QUANDO NÃO ESTOU PINTANDO, ESTOU PENSANDO NAS COISAS QUE VOU FAZER."

As ruas de Bogotá, na Colômbia, são famosas pela violência, pelas gangues e pelas drogas. Mas graças ao trabalho de gente como Bastardilla, agora são conhecidas por outra coisa: a arte. Como uma das mais conhecidas artistas de rua de Bogotá — e do mundo! —, Bastardilla cria pinturas públicas grandes e lindas que enfeitam a paisagem e passam mensagens poderosas.

Bastardilla significa "itálico". É um pseudônimo, um nome falso, coisa comum no mundo da arte de rua. Mesmo quando pequena, Bastardilla sabia que queria ser pintora. Mas, por muitos anos, jogou sua arte fora depois de criá-la. Ela queria compartilhar com outras pessoas, mas não sabia como. E percebeu que a resposta estava ao redor: nas ruas de Bogotá, onde qualquer um poderia vivenciar o poder da arte de graça. Usando ferramentas baratas e tinta, ela começou a pintar em qualquer superfície externa que conseguisse encontrar. Para chegar ao topo dos muros altos, prendia pincéis em varas compridas e mergulhava com cuidado em baldes de tinta. O estilo de Bastardilla inclui linhas onduladas e grossas, e ela costuma jogar purpurina na tinta molhada, para que as obras brilhem à noite!

Bastardilla prefere permanecer anônima porque quer se concentrar na arte, não na imagem. Ela baseia o trabalho no que vê: como mulher colombiana, testemunhou violência e pobreza, mas também força, beleza e o poder da natureza. Quase todos os seus trabalhos retratam mulheres:

mulheres chorando, trabalhando, deitadas, até quebrando um rifle no meio. Suas pinturas também capturam os efeitos da violência que há muito maltrata seu país. "Gosto de poder ser e trabalhar com esses assuntos, que nem sempre são vistos", explica ela. "A resistência das mulheres e a forma como as histórias delas de força podem ser encontradas em qualquer esquina." A cena da arte de rua é dominada por homens, mas mulheres como Bastardilla estão mudando essa imagem. Outros nomes de artistas de rua mulheres em Bogotá incluem Remedios, Zas, Zurik, LeDania e Perversa.

Uma das pinturas mais poderosas de Bastardilla fica na lateral de uma casa em um bairro pobre. A imagem retrata uma nativa colombiana segurando o teto. Ela carrega crianças pequenas amarradas no corpo. A palavra "Minga!" está escrita ao lado dela, referindo-se a um grupo de colombianos indígenas que fazem protestos pacíficos para chamar a atenção para problemas ambientais. A casa que a mulher segura pode ser vista como representando a terra, e Bastardilla lembra a quem olha que as mulheres podem carregar o peso do mundo, assim como a promessa do futuro.

Bastardilla criou murais em Berlim, Londres, Nova Iorque e no México. Ela não aceita dinheiro pelo trabalho, e as obras sempre carregam mensagens fortes, como seu tributo a Rosa Parks em Londres e sua pintura no México em homenagem a estudantes que foram vítimas de violência de gangue.

NANNY DOS MAROONS

APROXIMADAMENTE 1685 (GANA) – APROXIMADAMENTE 1755 (JAMAICA)

"A NANNY E ÀS PESSOAS QUE AGORA RESIDEM COM ELA E A SEUS HERDEIROS É CONCEDIDO... UM CERTO TRECHO DE TERRA."

(DE UM TRATADO DE 1739)

A ilha da Jamaica tem sete heróis nacionais. A única mulher entre eles é Nanny dos Maroons, embora muitos jamaicanos se refiram a ela somente como "Nanny". Uma lutadora, líder e curandeira incrivelmente competente, Nanny se tornou o símbolo da resistência da Jamaica contra a escravidão e o colonialismo.

A Jamaica foi colonizada pelos espanhóis no século XV, e eles levaram muitos escravos do oeste da África. Em 1655, os britânicos chegaram e venceram os espanhóis na luta pelo controle da pequena ilha. Muitos dos africanos escravizados tiraram vantagem do caos e fugiram para as montanhas tomadas de selva. Ficaram conhecidos como "maroons" e construíram aldeias rebeldes lá. Os marrons recém-libertados puderam voltar a muitas práticas culturais e espirituais dos países de origem, plantando, caçando animais e negociando. Eles também desenvolveram milícias próprias para lutar contra os britânicos, que queriam recapturar os maroons e continuar a economia à base de escravos.

Dos muitos líderes maroons, Nanny é uma das mais incríveis. Acredita-se que Nanny nasceu em Gana, na África ocidental, membro do povo axante. Ela foi levada (junto com os quatro irmãos) de sua aldeia até a Jamaica para trabalhar em plantações de cana-de-açúcar. Como jovens escravos na Jamaica, Nanny e seus irmãos achavam os maroons uma inspiração e, quando finalmente escaparam, eles foram para as

montanhas se juntar a eles. Nanny e seu irmão Quao fundaram uma aldeia nas Blue Mountains, no lado leste (ou a barlavento) da Jamaica. Nanny logo se destacou como líder e a aldeia acabou ficando conhecida como Nanny Town.

Ela era excelente estrategista e sabia superar as tropas britânicas. Ensinou a seu povo como se camuflar com galhos, folhas e lama e como espalhar iscas na selva. Era praticante de Obeah (um tipo de magia folclórica e religião) e criou uma imagem de si mesma como mulher mística com poderes mágicos. Isso intimidou os britânicos, que ouviram rumores que ela conseguia segurar balas com as mãos!

Sob a sua liderança, o povo de Nanny Town cultivava e comercializava pacificamente com as aldeias maroons vizinhas e ajudou quase 1000 escravos a fugirem para a liberdade. Nanny Town e os maroons prosperaram e cresceram ao ponto de o governo conceder oficialmente as terras para ela. Não se sabe como nem quando Nanny morreu: alguns dizem que foi morta por um capitão britânico, mas outras lendas alegam que ela morreu de velhice.

Nanny continua sendo uma figura importante na Jamaica. Em 1976, o governo a declarou Heroína Nacional e os jamaicanos se lembram dela regularmente: seu retrato está na nota de 500 dólares jamaicanos (cerca de 5 dólares americanos), que as pessoas costumam chamar de "Nanny".

IRMÃ JUANA INÉS DE LA CRUZ

12 DE NOVEMBRO DE 1651 (TEPETLIXPA, MÉXICO) – 17 DE ABRIL DE 1695 (CIDADE DO MÉXICO, MÉXICO)

"QUAL É O MAL DE EU SER MULHER?"

A maioria das pessoas, até as que são consideradas geniais pela sociedade, estuda em escolas tradicionais. Como a maioria, aprende com professores e tutores, seja em salas de aula ou em grupos de estudo. Mas uma das mentes mais brilhantes do México teve uma formação bem diferente. Irmã Juana Inés de la Cruz foi totalmente autodidata. Para uma jovem que cresceu com uma mãe solteira no México do século XVII, este é um feito impressionante.

Irmã Juana nasceu Juana Ramirez, durante a época da colonização espanhola. Desde muito pequena, pegava livros na biblioteca do avô e aprendeu sozinha a ler e escrever. Aos três anos, já sabia latim; aos cinco, sabia matemática complexa; aos oito, escrevia poesia.

Quando era adolescente, ela já sabia lógica grega e tinha aprendido a escrever em náuatle, uma língua asteca. Desesperada para estudar ainda mais, ela implorou para poder se disfarçar de menino e, dessa forma, ir para a faculdade.

Em pouco tempo, Irmã Juana chamou a atenção de líderes regionais, que não conseguiam acreditar nas histórias que ouviam sobre essa talentosa garota. O vice-rei (um líder que representa o rei) reuniu um grupo de acadêmicos superiores para testar a inteligência dela.

Aos 17 anos, Irmã Juana apareceu na frente desses admiráveis homens. Eles fizeram perguntas sobre literatura, ciências, matemática e filosofia, e ela respondeu todas corretamente.

Impressionado com a inteligência da garota, o vice-rei ofereceu sustento a Irmã Juana para que ela pudesse continuar a estudar e aprender. Ela entrou em um convento e se tornou freira porque desejava "não ter ocupação fixa que pudesse reduzir minha liberdade de estudar". Vivendo na paz do convento, Irmã Juana foi atrás daquilo que era sua verdadeira paixão: ler, escrever, estudar e aprender.

Mas seus apoiadores queriam que Irmã Juana só concentrasse seus estudos em escritos religiosos e deixasse as ideias filosóficas e políticas de lado. Em resposta, ela escreveu o que é considerado seu texto mais famoso: *Respuesta a Sor Filotea*, ou "Resposta a Irmã Filotea".

Nessa carta, Irmã Juana defende apaixonadamente o direito de todas as mulheres a aprenderem e a estudarem. Ela cita famosas e estudadas da história e ecoa as palavras de Santa Teresa de Ávila com o comentário: "É perfeitamente possível filosofar enquanto se prepara o jantar." Essa carta é considerada o primeiro texto feminista do Novo Mundo.

O antigo convento de Irmã Juana é agora uma universidade que leva o nome dela, e seu rosto também aparece tanto em moedas quanto em cédulas mexicanas.

"FICO FELIZ DE ESTAR VIVA, DESDE QUE POSSA PINTAR."

Parece que todo mundo hoje sabe quem é Frida Kahlo, mas não foi sempre assim. Como tantas artistas mulheres da história, Frida só teve o reconhecimento que merecia muitos anos depois de sua morte. Quando morreu, em 1954, o obituário do *New York Times* dizia: "Frida Kahlo, artista, esposa de Diego Rivera". Foi assim que ela ficou conhecida por muito tempo: como a esposa estranha do famoso muralista Diego Rivera. Ela agora é considerada uma das maiores artistas do século XX.

Magdalena Carmen Frieda Kahlo y Calderón nasceu pouco antes do início da Revolução Mexicana. Ela morava em La Casa Azul, uma casinha que seu pai pintou de azul. Quando tinha seis anos, teve poliomielite, o que deixou sua perna direita permanentemente desfigurada. Para ajudar na cura, o pai a encorajou a se exercitar e fazer esportes, mas ela sempre mancou.

Frida não planejava ser artista. Ela queria ser médica e estudou medicina em uma das melhores faculdades do México. Mas tudo mudou quando sofreu um acidente de ônibus aos 18 anos. Ela ficou seriamente ferida e passou meses com gesso no corpo inteiro. Isolada e sentindo muita dor, Frida começou a pintar. Sua mãe fez um cavalete que ela podia usar deitada, e o pai dividiu com ela suas tintas a óleo. Ela fez experiências

com cores fortes que lembravam a ela a arte folk mexicana tradicional. Os pequenos autorretratos que criou a ajudaram a aceitar o acidente traumático que viveu.

Frida acabou mostrando quatro de seus trabalhos para o artista Diego Rivera, que ela adorava. "Você tem talento", ele disse para ela. E era verdade. Os quadros eram muito pessoais, mas combinavam elementos de arte mexicana, pintura europeia clássica e trabalhos surrealistas mais novos. Ela e Diego acabaram se casando e se tornaram parte de uma cena artística próspera do México. Era uma cena dominada por homens, mas Frida também encontrou mulheres como a cantora Chavela Vargas, a muralista Fanny Rabel e a fotógrafa Lola Alvarez Bravo (a primeira e única pessoa a exibir as pinturas de Frida no México quando ela ainda estava viva).

Frida continuou relativamente obscura até os anos 1980, quando uma biografia sobre ela chamou a atenção das pessoas. Artistas feministas e latinos começaram a celebrar seu trabalho e ela se tornou um ícone cultural, agora, mais conhecida do que Diego.

A vida de Frida foi bastante sofrida, e ela criou mais de 140 quadros que refletiam essa vivência. Diferentemente de muitos outros artistas de sua época, Frida não pintava paisagens e tampouco formas abstratas: ela pintava seu "eu" verdadeiro e sofrido. A artista celebrava as próprias falhas, seus medos e também seus desejos, e fez isso lindamente em suas obras.

RAINHA LILI'UOKALANI

2 DE SETEMBRO DE 1838 – 11 DE NOVEMBRO DE 1917 (HONOLULU, HAVAÍ)

"É PRECISO SE LEMBRAR DE NUNCA PARAR DE AGIR POR MEDO DE FRACASSAR."

Até o século XIX, o Arquipélago do Havaí era governado por lideranças poderosas (chamadas *ali'i*), e o povo havaiano tinha sua própria religião, economia e língua. Não havia propriedade privada; a terra era um parente vivo, o lugar onde os ancestrais moravam. O Havaí também foi onde Lydia Lili'u Loloku Walania Wewehi Kamaka'eha, também conhecida como rainha Lili'uokalani, nasceu e cresceu. Primeira e única rainha do Reino do Havaí, Lili'uokalani lutou muito para salvar seu reino e sua cultura.

Em 1778, o capitão britânico James Cook chegou ao Havaí. Em pouco tempo, mais britânicos chegaram, e depois americanos, ansiosos para ganhar dinheiro com plantações como a de cana-de-açúcar. Antes do capitão Cook, havia um milhão de havaianos nativos. Nos anos 1840, menos de cem mil tinham sobrevivido às doenças que os não-nativos levaram. E, conforme os empresários (predominantemente brancos) foram ganhando mais poder econômico, também quiseram poder político.

Lydia nasceu em Honolulu e foi adotada por uma família real de destaque. Era poeta e musicista instruída e talentosa, estudou música europeia e americana, assim como as tradicionais havaianas. Escrevia canções e poemas e adorava cantar. Aos 39 anos, foi nomeada princesa do Reino do Havaí e começou a usar o nome real de Lili'uokalani.

Os empresários americanos estavam ficando mais agressivos no desejo de controlar o Havaí. Em 1887, eles forçaram o rei Kalākaua a assinar uma nova constituição, que tirava a soberania do povo havaiano, ou seja, seu poder. Lili'uokalani ficou furiosa. Quando o rei morreu, ela se tornou a primeira mulher a governar o Havaí.

O primeiro ato de Lili'uokalani como rainha foi reescrever a constituição. Ameaçados pelos gestos ousados dela, os empresários decidiram destituí-la do poder. Apoiados pela marinha americana, eles forçaram Lili'uokalani a entregar o Reino do Havaí para o governo dos Estados Unidos.

Ela foi presa e confinada no 'Iolani Palace, sua própria casa. Não tinha permissão de ler, mas recebia papel e lápis. Sua história acabou sendo publicada como *Hawaii's Story by Hawaii's Queen (História do Havaí pela rainha do Havaí)*, tornando-a a primeira mulher havaiana publicada. Enquanto estava presa, ela compôs algumas de suas músicas mais famosas, inclusive a famosa canção de amor "Aloha 'Oe".

Lili'uokalani não era mais rainha, mas já tinha conquistado o coração de todos os havaianos. Ela nunca desistiu da luta pela soberania. Quando morreu, o Havaí entrou em luto: ela deixou todo seu dinheiro para os órfãos e as crianças pobres do Havaí. Em 1959, os Estados Unidos tornaram o Havaí um estado. E, em 1993, 76 anos depois da morte de Lili'uokalani, o governo americano finalmente se desculpou pela destituição ilegal do Reino do Havaí.

"MINHA MÃE NOS CRIOU PARA SERMOS MULHERES FORTES."
—VENUS WILLIAMS

O sol do sul da Califórnia iluminava uma quadra de tênis de concreto, onde um homem afro-americano levantou uma raquete e a movimentou com força. Ele repetiu o movimento até as duas irmãs, olhando do banco, gritarem "Entendi, pai! Eu consigo fazer isso!". As irmãs eram Venus e Serena Williams, que estavam em Compton, uma cidade tomada pelo crime, não muito longe de Hollywood. Às vezes, tiros soavam ao longe; as meninas sabiam como se deitar no chão para fugir de balas perdidas.

Com o pai, Richard, como professor, que aprendeu a jogar tênis estudando vídeos de aulas, e também a mãe, Oracene, que cuidava da educação doméstica delas, Venus e Serena jogavam e estudavam com afinco. Os pais viam as circunstâncias da família como vantagem. Quando se cresce em um lugar como Compton, eles diziam, só tem um caminho que se pode seguir: para cima. As irmãs campeãs mundiais redefiniram o jogo de tênis com seu talento, coragem e recusa de se desculpar por quem são, de onde vêm e aonde querem ir.

As garotas começaram a jogar aos quatro anos. Venus (mais velha por 14 meses) e Serena tinham talento natural, com corpos atléticos e instintos impressionantes. Aos 10 anos, Venus era a jogadora infantil principal do sul da Califórnia. O boato sobre os prodígios do tênis se espalhou a partir das ruas de Compton e, em 1991, as irmãs Williams apareceram na revista *Sports Illustrated*. As duas se tornaram profissionais aos 14 anos.

Como mulheres afro-americanas em um esporte historicamente branco e dominado por europeus, Venus e Serena chamaram atenção, mas nem toda era positiva. Eram musculosas e agressivas, e utilizavam passadas e técnicas únicas. Usavam roupas coloridas e contas no cabelo. Inspiradas por pioneiros afro-americanos do tênis, como Althea Gibson e Arthur Ashe, Venus e Serena mantinham a cabeça erguida e se concentravam em ser as melhores jogadoras do mundo. "Quando alguém critica o que eu faço, uso como motivação", explica Venus.

Elas subiram no ranking, vencendo jogo após jogo. As duas chegaram a número 1 do mundo, e cada uma ganhou quatro medalhas de ouro olímpicas. Como duas das melhores jogadoras do mundo, elas já acabaram jogando uma contra a outra em vários torneios. Isso não foi fácil para as irmãs, que são unidas. Não é surpresa elas terem vencido 13 títulos do Grand Slam jogando em dupla.

Venus e Serena são mais do que jogadoras de tênis: elas são designers de moda, atrizes, empresárias e ativistas. Durante anos, Roland-Garros e Wimbledon, dois dos maiores torneios de tênis do mundo, pagaram prêmios menores para as mulheres em comparação aos vencedores homens. Venus organizou uma campanha para mudar isso e, em 2007, os dois torneios cederam. E quem foi a primeira mulher a ganhar esse dinheiro do prêmio igual ao dos homens? Venus, claro, que ganhou o troféu e recebeu a mesma quantia que o campeão de tênis Roger Federer.

BIRUTÉ MARY GALDIKAS

10 DE MAIO DE 1946 (WIESBADEN, ALEMANHA)

"QUASE TODOS OS DIAS, OS ORANGOTANGOS ME ENSINAM ALGUMA COISA NOVA."

Começou com *George, o Curioso*. A mulher que dedicou a vida ao estudo dos orangotangos já foi uma garota em Toronto, Canadá, e o livro clássico sobre o macaquinho foi o primeiro que ela retirou na biblioteca. Biruté Galdikas ficou fascinada por George e seu companheiro, o Homem de Chapéu Amarelo. Queria passar um tempo com primatas, como ele. Ela retirou mais livros da biblioteca. Os olhos humanos de um orangotango chamaram a sua atenção e ela soube que nasceu para trabalhar com esses animais misteriosos.

Biruté estudou zoologia e psicologia, com mestrado pela UCLA, na Califórnia. Em 1969, aos 23 anos, ela soube que o doutor Louis Leakey, um famoso antropólogo, daria uma palestra na faculdade dela. Leakey tinha escolhido duas cientistas jovens para irem à selva estudar primatas, os parentes mais próximos dos humanos: Dian Fossey trabalhava com gorilas e Jane Goodall estudava chimpanzés. Biruté queria ser a terceira pesquisadora de primatas. Depois da palestra, ela se aproximou com ousadia de Leakey. Ele aceitou entrevistá-la e logo viu o seu profundo comprometimento. Ele precisava de alguém para estudar orangotangos, porque os cientistas não sabiam quase nada sobre eles. Então, Biruté e seu marido partiram para um dos lugares mais remotos do mundo.

Os orangotangos só vivem nas ilhas do sudeste da Ásia, chamadas Bornéu e Sumatra. Quando Biruté chegou, essas áreas eram muito selvagens e com pouca população. Muitas pessoas duvidavam que Biruté conseguiria sequer ver um orangotango, porque eles são criaturas muito solitárias. Ela montou Camp Leakey, um pequeno posto em uma floresta tropical remota. Não havia telefone, nem estrada, nem correio, mas havia muito perigo, inclusive sanguessugas, insetos venenosos e ladrões.

Os orangotangos apareceram. Biruté embarcou em um longo processo para conquistar a confiança deles, lentamente. Registrou cada movimento e som que os orangotangos faziam e, quatro anos depois da sua chegada, ela publicou um artigo de capa na *National Geographic*, revelando sua pesquisa pioneira. Camp Leakey é agora o principal centro de pesquisa e reabilitação de orangotangos do mundo, e Biruté trabalha lá há 44 anos.

As três mulheres que Leakey selecionou ficaram conhecidas como "The Trimates" e agora são consideradas as mães fundadoras da primatologia. Biruté também é ativista ambiental internacional e trabalha para aumentar a conscientização sobre os orangotangos ameaçados de extinção. As florestas de Bornéu e Sumatra estão sendo queimadas para abrir espaço para plantações de palmeira, por causa do azeite de dendê, e os orangotangos estão muito ameaçados. Em 1986, Biruté criou a Orangutan Foundation Internacional. Ela se dedica a salvar esses animais da extinção e declara: "Reviro o cérebro todos os dias pensando em como ajudá-los mais".

BUFFY SAINTE-MARIE

20 DE FEVEREIRO DE 1941 (PIAPOT, RESERVA DA PRIMERIA NAÇÃO CREE, SASKATCHEWAN, CANADÁ)

"EU ERA UMA JORNALISTA COM UM VIOLÃO."

Buffy Sainte-Marie nasceu na Reserva Piapot, no Canadá. Seus pais eram cree, a maior das tribos dentre as Primeiras Nações (esse é o termo usado para se referir ao povo indígena do Canadá), mas Buffy foi adotada por pais americanos e criada em Massachusetts.

Ela sempre teve dom para música. Aos quatro anos, a menina aprendeu sozinha a tocar piano e estava sempre inventando músicas. Quando ganhou um violão no seu 16° aniversário, ela não sabia afinar, então, girou as tarraxas até o som ser similar às músicas que ela tinha na cabeça. Em seguida, essas músicas se tornaram realidade. Seu estilo único de afinação mais tarde inspirou sua amiga, a cantora folk Joni Mitchell.

Depois que se formou na faculdade, nos anos 1960, ela voltou para a reserva onde nasceu para reatar os laços com a herança e a família cree. Buffy tocou suas músicas em cafés em Toronto e Nova Iorque, junto de artistas como Bob Dylan e Leonard Cohen. Sua voz tinha uma vibração única e suas letras eram políticas. Sua música "Universal Soldier" logo se tornou um hino para o movimento contra a Guerra do Vietnã. Ela foi a primeira artista nativa que muitas pessoas viam e ouviam, e fez questão de ensinar a todos sobre as vidas e os sofrimentos do seu povo.

Em 1964, a carreira de Buffy deslanchou e ela foi escolhida "Melhor Nova Artista" pela revista *Billboard*. Muitas das músicas dela se tornaram sucessos de outros cantores, inclusive Elvis Presley e Janis Joplin. Algumas de suas músicas falavam contra a guerra; outras condenavam o roubo de terras nativas pelo governo. Buffy não sabia na época, mas o presidente Lyndon B. Johnson e depois o presidente Richard Nixon a colocaram em uma lista secreta de artistas "a serem reprimidos". A lista foi dada a estações de rádio, que decidiram não tocar as suas músicas. Durante anos, suas canções foram tocadas em estações de rádio de todo o mundo, mas não nas rádios dos Estados Unidos.

Em 1975, Buffy recebeu uma ligação dos produtores de Vila Sésamo, o programa infantil de televisão mais popular do mundo. Queriam que ela recitasse o alfabeto, como a maioria das celebridades convidadas, mas Buffy queria fazer mais. "Vocês já fizeram algum programa sobre nativos americanos?", ela perguntou aos produtores. Buffy viu uma oportunidade educativa interessante: mostrar às crianças que o povo nativo ainda existe. Ela participou do elenco do programa por cinco temporadas e viajou para reservas nativas americanas, cantou músicas sobre diversidade e até amamentou seu bebê com Garibaldo olhando.

Buffy continua a trabalhar pela visibilidade e pelos direitos dos nativos, pela justiça ambiental e pela paz. Ela já tocou em muitos países ao redor do mundo, ganhou inúmeros prêmios e criou várias organizações sem fins lucrativos dedicadas a educar e empoderar crianças nativas e não-nativas. Em 2015, aos 74 anos de vida, ela lançou seu 20° disco, com grande aclamação.

PROGRAMADORAS DO ENIAC

CONTRATADAS EM 1945 (E.U.A.)

> "EU ACREDITAVA QUE ERA CAPAZ DE APRENDER E FAZER QUALQUER COISA TÃO BEM QUANTO QUALQUER UM."
> —JEAN JENNINGS BARTIK, PROGRAMADORA DO ENIAC

No dia 15 de fevereiro de 1946, o exército americano revelou uma máquina gigantesca ao público. Tinha 25 metros de comprimento, 2,5 metros de altura e era coberta de mais de três mil botões, fios e cabos. Era o ENIAC (Electronic Numerical Integrator and Computer): o primeiro computador programável completamente eletrônico. A plateia assistiu espantada à máquina executar uma série de cálculos matemáticos que humanos teriam levado semanas para fazer. O New York Times publicou a manchete "Computador eletrônico dá respostas e pode acelerar a engenharia". O ENIAC e seus inventores ficaram famosos. Mas havia uma coisa faltando em todos os artigos sobre ele: os nomes e os rostos das seis jovens mulheres que programaram a máquina toda.

Jean Jennings Bartik, Marlyn Wescoff Meltzer, Ruth Lichterman Teitelbaum, Betty Snyder Holberton, Frances Bilas Spence e Kay Mauchly Antonelli vieram de cidades e histórias diferentes, mas tinham algumas coisas em comum: eram garotas americanas que fizeram faculdade, amavam matemática e estavam ansiosas por aventuras e oportunidades.

Em 1945, cada uma delas viu propagandas como esta: "Procura-se: mulheres com diploma em matemática... Empregos científicos e de engenharia estão sendo oferecidos a mulheres, nos quais antes os homens tinham preferência. Agora está na hora de pensar no seu emprego com ciências e engenharia". Essas propagandas foram feitas pelo exército americano e foram publicadas em jornais e periódicos de matemática de todo o país.

Jean, Marlyn, Ruth, Betty, Frances e Kay aproveitaram a oportunidade de conseguir um trabalho como esse e ficaram entre as 100 mulheres contratadas pelo exército para trabalharem na Universidade da Pensilvânia como "computadores humanos".

A Segunda Guerra Mundial estava acontecendo e o exército precisava desses "computadores" para fazer equações repetitivas de matemática que calculariam a que distância mísseis voariam e onde

PROGRAMADORAS DO ENIAC

cairiam. Esses cálculos eram feitos à mão e podiam levar semanas para serem resolvidos — as mulheres passavam os dias escrevendo números em folhas de papel enormes. O exército queria que os cálculos acontecessem mais rápido, então, criou um projeto confidencial chamado ENIAC.

Quando a máquina foi construída, os engenheiros precisavam de pessoas para programá-lo. Os engenheiros achavam que seria um trabalho fácil, então, decidiram recrutar mulheres para fazê-lo: Betty, Jean, Marlyn, Ruth, Frances e Kay foram selecionadas. Elas eram chamadas de "garotas do ENIAC" e sua tarefa foi inicialmente descrita como "instalar" o ENIAC. Mas o que elas fizeram foi bem mais importante do que apenas instalar um programa. Na verdade, o trabalho que elas desenvolveram revolucionou a programação de computador.

As "garotas" receberam poucas informações do que a máquina era e para que seria usada. Não podiam nem vê-la, porque era muito confidencial. Como Kay Mauchly Antonelli explicou: "Uma pessoa nos deu uma pilha de desenhos de projeto... e disse: 'Tomem, descubram como a máquina funciona e depois descubram como programá-la'".

Não havia manual de instruções nem linguagem de programação existente, mas as mulheres programaram a máquina inteira. Elas estudaram os desenhos de projeto e os diagramas, quebrando os grandes problemas em pequenos passos. Também descobriram como depurar falhas e até elaboraram um

sistema que indicava qual dos 18 mil tubos de vácuo estava queimado. Elas trabalharam juntas no projeto durante meses e, quando chegou a hora da demonstração pública, elas finalmente tiveram permissão de ver e tocar na máquina. Durante duas semanas seguidas, elas se dedicaram mais do que nunca para programá-la à perfeição, ficando com frequência no trabalho até meia-noite para resolver pequenos problemas de último minuto. Foi por causa do trabalho árduo que essas mulheres desenvolveram o que a plateia de fevereiro de 1946 pôde ver: uma exibição incrível e bem-sucedida.

Todas as programadoras do ENIAC permaneceram no campo da ciência de computação por várias décadas, trabalhando como programadoras iniciais e designers de software. Isso foi notável, porque muitas mulheres americanas que trabalharam durante a Segunda Guerra Mundial deixaram a força militar quando a guerra acabou. Betty Snyder Holberton — que ouviu uma vez de um professor de matemática que era melhor ela ficar em casa criando filhos — ajudou na elaboração de software dos primeiros computadores comerciais, ao lado de Jean Jennings Bartik.

Apesar de todas as suas realizações, as seis mulheres não tiveram reconhecimento nenhum até 1997, quando Betty, Jean, Marlyn, Ruth, Frances e Kay foram incorporadas ao *Women in Technology International Hall of Fame* e finalmente homenageadas como algumas das primeiras programadoras digitais do mundo.

"É COMO TER UM SUPERPODER."

Em 1984, o Museu de Arte Moderna de Nova Iorque anunciou uma nova exposição com a arte mais importante do mundo. Dos 169 artistas expostos, só 13 eram mulheres. Dezessete países estavam representados, mas quase todos os artistas eram brancos. Um grupo de artistas mulheres reparou nisso – embora não fosse surpresa, pois era assim em todo lugar. Elas organizaram um protesto em frente ao museu, mas foram amplamente ignoradas.

Assim, as mulheres usaram a criatividade. Elas começaram a fazer pôsteres ousados, folhetos e adesivos que chamavam a atenção e expunham a discriminação no mundo da arte. Assumiram nomes de artistas mortas (como Käthe Kollwitz, Zubeida Agha e Alice Neel) e começaram a usar máscaras de gorila quando apareciam em público.

Guerrilla é uma palavra em espanhol que descreve uma espécie de lutador pela liberdade. Depois de alguém confundir a grafia de *guerrilla* e gorila, outra pessoa sugeriu que as mulheres se vestissem como primatas gigantes. Elas compraram máscaras pretas peludas e perceberam como um disfarce bobo podia ser eficiente. Em pouco tempo, todo mundo estava falando sobre as Guerrilla Girls e suas mensagens poderosas. Elas eram as super-heroínas feministas do mundo da arte.

As Guerrilla Girls saem sorrateiramente à noite, grudando seus pôsteres em preto e branco por todos os muros das cidades. Aparecem na frente de museus, usando suas máscaras e falando com as pessoas sobre representação igualitária. Elas até fazem outdoors gigantescos. As Guerrilla Girls gostam de usar humor nas imagens, mas também incluem fatos para apoiar os argumentos. No Museu Metropolitano de Arte, elas descobriram que 5% dos artistas eram mulheres, mas 85% das pinturas e estátuas de pessoas nuas eram de mulheres. Isso levou ao outdoor mais famoso delas: um nu feminino com uma máscara de *gorila* na cabeça e o slogan: "As mulheres têm que estar nuas para entrar no Met?"

Quando elas começaram, algumas pessoas menosprezaram as Guerrilla Girls como candidatas a artistas cheias de inveja. Mas a grande maioria das pessoas apreciava seus gestos ousados. Em pouco tempo, grandes artistas e a imprensa passaram a enaltecê-las, e museus e galerias começaram a perceber a importância de exibir um âmbito mais variado de artistas. Quando perguntaram por que a igualdade de gênero e racial na arte é importante, uma Guerrilla Girl conhecida como "Frida Kahlo" respondeu: "Como você pode contar a história de uma cultura se não incluir todas as vozes dentro dessa cultura? Senão é só a narrativa e a história do poder".

Já houve cerca de 60 membros das Guerrilla Girls ao longo dos anos. Elas criaram 90 pôsteres, ações, outdoors, cartões postais e livros que denunciam parcialidade de gênero e raça na arte, em filmes, na política e na cultura pop. Muita coisa mudou desde que as Guerrilla Girls começaram seu trabalho, mas há muito mais a ser feito. É por isso que elas continuam fortes atualmente!

GRACE "GRANUAILE" O'MALLEY

1530 (CONNAUGHT, IRLANDA) – 1603 (ROCKFLEET CASTLE, CLARE ISLAND, IRLANDA)

"ME PROCUROU UMA CAPITÃ MUITO FAMOSA CHAMADA GRACE O'MALLEY... COM TRÊS GALÉS E 200 HOMENS."

— DE UMA CARTA ESCRITA PELO GOVERNADOR SIR HENRY SIDNEY, 1577

A pequena Grace O'Malley (também conhecida como Gráinne ou Granuaile) não queria nada além de velejar com o pai, um capitão irlandês, e sua frota de navios. Os O'Malley eram uma família poderosa na costa oeste da Irlanda. Dois de seus castelos, Clare Island e Kildawnet, em Achill Island, ainda existem até hoje. Grace implorou aos pais para deixarem que ela fosse para o mar, mas a mãe insistiu que não era lugar para uma garota. Assim, de acordo com a lenda, Grace cortou o longo cabelo ruivo e se vestiu com roupas de garoto. Nos anos 1530, esse não era o jeito normal de uma garota se comportar. Mas Grace O'Malley era assim, e logo ela se tornaria a pirata mais famosa da Irlanda.

Aos 16 anos, Grace se casou com um chefe de clã irlandês e eles tiveram três filhos. Mas ela não era do tipo que ficava em casa. Depois da morte do pai, ela assumiu o comando da sua frota e, quando o marido morreu, muitos dos integrantes do clã se juntaram a ela. Comercializando até Espanha e Portugal, executando pirataria e pilhagem como atividades paralelas, Grace ganhou reputação de capitã ousada.

Os mares eram cheios de comerciantes e piratas, e a terra era governada por chefes de clãs que lutavam para proteger seus domínios dos vizinhos ingleses, que estavam tomando a Irlanda lenta e regularmente. Um a um, os chefes de clãs se renderam, mas Grace se manteve firme, determinada a ficar livre e a proteger sua família e seus seguidores. Os ingleses não gostaram disso. Eles enviaram um exército para capturá-la, mas ela fugiu e liderou seu povo em uma rebelião contra os ingleses. Isso foi por volta de 1588, quando Grace tinha quase 60 anos.

Os ingleses sequestraram seu filho mais novo e o acusaram falsamente de traição, um crime punível com a morte. Para salvar o filho, Grace colocou a própria vida em risco e foi direto até a pessoa mais poderosa da Inglaterra: a rainha Elizabeth I. Os súditos de Elizabeth ficaram chocados quando a rainha aceitou se encontrar com a pirata. Elas conversaram em latim, a única língua que tinham em comum. Grace contou à rainha sobre o sofrimento da família nas mãos dos generais na Irlanda e pediu que ela poupasse seu filho. A rainha ordenou a libertação dele da prisão e deu a Grace permissão pessoal para continuar velejando pelos mares.

Grace viveu até mais de 70 anos, uma idade impressionante para uma mulher do século XVI. O impacto dela foi tão grande que incontáveis lendas ainda sobrevivem: que ela rechaçou um ataque de piratas turcos no dia seguinte ao que deu à luz, que pediu o segundo marido em casamento porque queria o seu castelo e que um ano depois ela se divorciou desse marido dizendo "Eu dispenso você". Independente de essas histórias serem verdade ou não, os registros históricos mostram que Grace O'Malley era uma capitã corajosa, além de pirata, estrategista política, chefe de clã, mãe, esposa e filha, que desafiou as expectativas de gênero e também o poder da Inglaterra.

PRINCESA SOPHIA DULEEP SINGH

8 DE AGOSTO DE 1876 (ELVEDEN, SUFFOLK, INGLATERRA) – 22 DE AGOSTO DE 1948 (BUCKINGHAMSHIRE, INGLATERRA)

"SE NÃO SOU UMA PESSOA ADEQUADA PARA OS PROPÓSITOS DE REPRESENTAÇÃO, POR QUE DEVERIA SER UMA PESSOA ADEQUADA PARA PAGAR IMPOSTOS?"

A infância de Sophia Duleep Singh foi típica de uma princesa do século XIX na Grã-Bretanha. Ela tomava chá com a madrinha, a rainha Victoria, criava cães campeões e era fotografada usando roupas sofisticadas de Paris. No entanto, ela e a família só estavam na Grã-Bretanha porque seu pai, o marajá Duleep Singh, herdeiro do reino sikh, foi deposto pelos britânicos e exilado na Inglaterra. Sophia era feliz com aquela vida confortável — até que ela e a irmã fizeram uma viagem secreta para a Índia, onde ela viu, pela primeira vez, a vida fora do palácio.

Na Índia, Sophia testemunhou a desigualdade. Conheceu famílias em dificuldades, crianças pobres e gente lutando pela independência da Índia. Ciente agora desses efeitos negativos do governo colonial britânico, a princesa Sophia voltou para a Inglaterra transformada. Ela abandonou a vida de socialite e usou a riqueza e a popularidade para fazer a diferença. Estabeleceu lares para os lascar (marinheiros indianos pobres que eram tratados como escravos) e enviava ajuda para aqueles que lutavam pela liberdade na Índia.

Ela conheceu Christabel e Emmeline Pankhurst, a mãe e a filha que lideravam o movimento sufragista (a luta pelo direito da mulher de votar). Sophia entrou na luta e começou a vender exemplares do jornal *The Suffragette* — bem na porta do palácio real britânico! Ela se recusou publicamente a pagar impostos até poder votar e se tornou a maior doadora para o Women's Social and Political Union (WSPU), o principal grupo militante trabalhando pelo sufrágio feminino, liderado por Christabel e Emmeline. O WSPU usava táticas agressivas para passar sua mensagem: quebrava janelas, fazia greve de fome e até botava fogo em prédios. No dia 18 de novembro de 1910, Sophia e Emmeline lideraram uma marcha que ficou conhecida como "Black Friday", depois que centenas de participantes levaram surras da polícia. Quando Sophia viu uma mulher ser atacada, ela se colocou entre a mulher e o policial violento. Ele reconheceu a princesa e fugiu.

O início da Primeira Guerra Mundial colocou o movimento sufragista britânico em pausa. Sophia continuou seu ativismo, cuidando de soldados indianos feridos e juntando dinheiro para eles. Para os soldados que tratava, a princesa Sophia era vista como uma heroína, mas, para a realeza britânica, ela continuava sendo uma desgraça. Como uma princesa podia usar roupas comuns, vender jornais em calçadas e marchar pelas ruas? Por que ela estava interagindo com soldados indianos? Sophia sabia a resposta: ela estava lutando por igualdade.

As mulheres conseguiram o direito ao voto na Grã-Bretanha em 1928, e as viagens de Sophia à Índia ajudaram a alimentar o movimento sufragista lá (só em 1950 todas as mulheres indianas puderam votar). A princesa Sophia Singh desafiou o que uma princesa devia ser e mostrou à Grã-Bretanha e à Índia — e ao mundo — o que uma princesa podia ser.

POLY STYRENE

3 DE JULHO DE 1957 (BROMLEY, INGLATERRA) – 25 DE ABRIL DE 2011 (SUSSEX, INGLATERRA)

"EU COMECEI APENAS COM ALGUMAS LETRAS MELÓDICAS E MUITA DETERMINAÇÃO."

Em 1976, a banda de punk rock britânica The Sex Pistols fez o primeiro show de rock do mundo. Esse show lendário foi alto e abafado, e na plateia estava uma jovem comemorando seu 19° aniversário. O nome dela era Marianne Elliot-Said, e ela queria ser cantora. Marianne vinha escrevendo letras de música desde os 12 anos. Enquanto via o homem no palco cantar loucamente, ela pensou: eu também posso fazer isso!

Ela colocou um anúncio em uma revista de música britânica dizendo "JOVENS PUNKS QUE QUEREM SE UNIR!" Vários músicos responderam e, em pouco tempo, eles criaram uma banda punk: X-Ray Spex. Ela escolheu o nome artístico de "Poly Styrene" porque era "plástico e sintético". Depois de apenas seis ensaios, eles fizeram seu primeiro show no Roxy, uma boate punk famosa em Londres. Foi um sucesso. Da noite para o dia, Marianne se tornou Poly e o X-Ray Spex virou uma banda punk revolucionária.

A mãe de Poly era escocesa-inglesa e o pai imigrou da Somália, na África, para a Inglaterra, falando pouco inglês. Quando Poly era pequena, a mãe os levou do subúrbio quase todo branco de Bromley para a cidade mais racialmente diversificada de Brixton. Ela achou que seria um lugar menos crítico para Poly crescer.

Poly era uma criança criativa e aventureira que amava brincar de usar fantasias. Viajou sozinha pela Inglaterra aos 15 anos e, ao voltar, abriu uma pequena loja de roupas, onde vendia peças modernas e desenvolveu seu senso distinto de moda. Ela usava chapéus militares, bijuterias descombinando e as cores mais intensas que conseguia encontrar. Escolhia roupas largas porque não queria que as pessoas se concentrassem na forma do corpo dela.

A cena punk britânica costumava ser raivosa e temerosa, dominada por homens brancos. Poly era radicalmente diferente: uma garota adolescente com um sorriso enorme que exibia o aparelho prateado. Ela rosnava os versos iniciais da primeira música famosa ("Dizem que garotinhas deviam ser vistas e não ouvidas!") e provava que a ideia estava errada. Cantava sobre consumismo, sexismo e padrões de beleza injustos, e usava o humor e o sarcasmo para transmitir a mensagem. Para Poly, o punk rock era "pessoas jovens se mexendo e fazendo alguma coisa, criando alguma coisa". Era um jeito para ela expressar suas emoções e suas próprias ideias.

O X-Ray Spex se tornou muito popular rapidamente. Mas a fama foi pesada demais e, depois de alguns anos, Poly se cansou. Ela deixou a banda, teve uma filha e se concentrou na prática espiritual. Continuou fazendo música a vida toda; seu último disco foi lançado no dia seguinte à morte dela, ocasionada por um câncer no seio, aos 53 anos. Na breve vida do X-Ray Spex, eles se tornaram uma das bandas punks mais populares do mundo. Poly foi inspiração para cantoras como Kim Gordon, Kathleen Hanna, Beth Ditto e muitas outras.

SOPHIE SCHOLL

9 DE MAIO DE 1921 (FORCHTENBERG, ALEMANHA) – 22 DE FEVEREIRO DE 1943 (MUNIQUE, ALEMANHA)

"O QUE FIZEMOS VAI PROVOCAR ONDAS."

Sophia Magdalena Scholl era como muitas outras garotas alemãs da idade dela: sentia orgulho do país e, em 1933, aos 12 anos, Sophie entrou para a Liga das Garotas Alemãs, a ala para meninas do Partido Nazista. Os nazistas estavam no controle da Alemanha; liderados por Adolf Hitler, eles formaram um governo racista e mortal. Os nazistas odiavam os judeus, os gays, os negros, os comunistas e muitos outros. Os que não concordavam com eles eram criticados e excluídos — e até mortos.

Mas, como muitos alemães, principalmente os jovens, Sophie ainda não sabia sobre as coisas cruéis que seu governo estava fazendo. Só ficou animada de fazer parte do grupo do qual todas as amigas e irmãs participavam. Mas, quando ela e o irmão Hans cresceram, o poder dos nazistas e o horror de seus atos ficaram aparentes. Os pais de Sophie e Hans os criaram para serem pensadores independentes e curiosos, e os dois começaram a questionar a verdade sobre o governo.

Hans foi para a Universidade de Munique e Sophie foi logo depois, planejando estudar biologia e filosofia. Ela, Hans e seus amigos começaram a descobrir mais sobre o que os nazistas estavam fazendo. Eles leram relatórios sobre os assassinatos em massa de judeus e atrocidades cometidas em outros países. Também leram filósofos que escreveram sobre desobediência civil e a importância de seguir sua consciência. Durante toda a vida, esses jovens ouviram que o governo era maravilhoso, mas agora eles estavam descobrindo que tinham sido enganados. Eles amavam a Alemanha, mas passaram a odiar os nazistas.

Sophie, Hans e seus amigos tinham que fazer segredo de suas conversas. A polícia secreta nazista, a SS, espionava todo mundo, e até dizer uma coisa como "Eu não gosto de Hitler" podia fazer você ser preso (isso aconteceu com o pai de Sophie e Hans). Mas quanto mais eles falavam e liam, mais eles aprendiam — e então souberam que tinham que agir.

Primeiro, Hans e seus amigos queriam deixar Sophie de fora do plano, mas perceberam como ela era inteligente e bastante comprometida. Eles também sabiam que, como garota, ela tinha menos probabilidade de ser parada pela SS, que podia revistar as pessoas a qualquer momento.

O grupo se intitulou "Rosa Branca" e, em 1942, escreveu um ensaio anônimo de uma página criticando os nazistas. Eles fizeram centenas de cópias e Sophie espalhou os folhetos corajosamente por todo o campus da universidade, deixando-os em frente a salas de aula, para que alunos e professores os encontrassem.

Foi uma das primeiras vezes que uma pessoa na Alemanha ousou imprimir declarações negativas sobre os nazistas. Alguns alunos entregaram os folhetos para a SS, mas muitos guardaram e fizeram mais cópias.

SOPHIE SCHOLL

Usando uma copiadora operada à mão, Sophie e o Rosa Branca fizeram mais cinco folhetos, mais de nove mil cópias no total, ficando mais ousados a cada um. O segundo folheto começava assim: "Por que o povo alemão se comporta de forma tão apática frente a todos esses crimes abomináveis?".

Eles citaram a Bíblia, assim como filósofos famosos como Aristóteles e Goethe, e no pé de cada folheto escreviam: "Faça o máximo de cópias deste folheto que puder e os distribua". Eles enviaram para cidades de toda a Alemanha e convocaram o povo alemão para resistir ao próprio governo e rejeitar Hitler. O quarto folheto terminava com as palavras "Nós não vamos ficar em silêncio. Nós somos sua consciência pesada. O Rosa Branca não vai deixar você em paz!". A frase "Nós não vamos ficar em silêncio" se tornou o lema não oficial deles. Eles não se limitaram aos folhetos; também fizeram estêncis que diziam "ABAIXO HITLER!" e "LIBERDADE!" e saíam escondidos à noite para pichar essas palavras nos muros de Munique. Os folhetos e as pichações logo provocaram uma reação: a SS ficou furiosa e começou uma caçada desesperada pelos responsáveis do ato.

No dia 18 de fevereiro de 1943, Sophie e Hans estavam distribuindo o sexto folheto. Eles ainda tinham alguns quando o sinal ia tocar, e Sophie não queria desperdiçar nenhum. Ela foi até o alto da escada e jogou um monte de papéis para o alto. Quando estavam caindo até os alunos abaixo, um zelador viu Sophie e Hans — e os entregou. Eles foram presos e interrogados. Confessaram e assumiram total responsabilidade, se recusando a citar qualquer outro integrante do Rosa Branca. Apesar disso, vários outros membros foram presos. Todos foram acusados de traição e sentenciados à morte. Sophie tinha 21 anos.

Sophie ficou calma durante todo o julgamento. "Alguém tinha que fazer alguma coisa", declarou ela para o juiz nazista. "O que escrevemos e dissemos é a crença de muitos outros. Eles só não ousam se expressar como nós fizemos." No meio do julgamento, o pai de Sophie e de Hans tentou entrar no tribunal. Os guardas nazistas o obrigaram a ir para fora, mas todo mundo o ouviu gritar: "Um dia, vai haver outro tipo de justiça! Um dia, eles vão fazer parte da história!".

Sophie manteve a cabeça erguida a todo o momento e defendeu suas ações pacíficas, declarando: "Eu fiz o melhor que pude pela minha nação. Portanto, não me arrependo da minha conduta e vou enfrentar as consequências." As últimas palavras de Hans foram: "Vida longa à liberdade!". As de Sophie foram: "O Sol ainda brilha".

Vários meses depois da execução deles, uma cópia do folheto final foi levada escondida para fora da Alemanha e dada aos Aliados, que soltaram milhares de cópias sobre a Alemanha de avião. O título era "Manifesto dos Estudantes de Munique". Sophie e o Rosa Branca ficaram famosos pela imensa coragem e compromisso com a resistência pacífica frente a tirania.

"PASSEI MEU ANIVERSÁRIO DE FORMA ADMIRÁVEL. FIZ UM RAIO-X DE UMA MÃO COM QUATRO FRAGMENTOS DE BALA BEM GRANDES."

— CARTA DE IRÈNE CURIE PARA MARIE CURIE, 1916

Irène Joliot-Curie não passou seu 18° aniversário abrindo presentes e nem dançando com amigos. Ela o passou em um campo de batalhas da Primeira Guerra Mundial, treinando médicos em um hospital de campo belga no uso de novas máquinas de raios-X, para ajudar a salvar vidas de soldados. As máquinas portáteis foram chamadas de *petites Curies*, em homenagem à inventora: a mãe de Irène, a cientista mundialmente famosa e primeira mulher a ganhar um Prêmio Nobel, Marie Curie.

Irène e a mãe sempre foram próximas. Quando Marie estava ocupada viajando ou trabalhando no laboratório, ela mandava problemas de matemática para Irène, em casa, que tentava impressionar a mãe resolvendo as equações desafiadoras. Quando estava em casa, Marie dava aulas para Irène e para a irmã dela, Ève, e começou um sistema rotativo de estudo em casa chamado Cooperativa, com vários colegas (alguns dos pensadores e cientistas mais famosos da França).

Quando a Primeira Guerra Mundial começou, em 1914, Irène estava indo para a faculdade, e Marie — já uma cientista famosa — estava abrindo seu próprio instituto de pesquisa em Paris. As duas tiveram que adiar seus planos. Marie enviou as filhas para o litoral, para ficarem com familiares, e se dedicou a inventar unidades móveis de raios-X. Antes desses aparelhos, os médicos tinham que usar apenas as mãos e os olhos para localizar balas e estilhaços nos corpos de soldados feridos. Os raios-X proporcionaram mais cirurgias bem-sucedidas e menos infecções.

O problema era como levar essas máquinas para a guerra. Marie alugou um carro, arrumou 230 quilos de equipamento para construir a primeira unidade móvel e reuniu equipes de voluntários para treinar médicos.

Irène queria desesperadamente se juntar à mãe. No dia 1° de agosto de 1914, o dia em que as tropas francesas se mobilizaram, Marie escreveu para Irène: "Você e eu, Irène, vamos tentar ser úteis". Irène foi para Paris, se matriculou em aulas de enfermagem e se juntou à mãe em uma aventura corajosa. Havia hospitais de campo montados por toda a França e toda a Bélgica, e Marie e Irène viajaram até eles com os *petites Curies*. Irène, apenas uma adolescente, muitas vezes, ia sozinha. Os médicos nem sempre gostavam de ver uma garota chegar aos hospitais. Mas, quando percebiam o que ela era capaz de fazer, eles a ouviam. E aprendiam. Irène mais tarde disse: "Minha mãe não tinha mais dúvidas sobre mim como tinha de si mesma".

Depois da guerra, as duas continuaram a pesquisa e os estudos. Durante os anos da guerra, Irène também frequentou aulas da universidade e, entre 1915 e 1917, ela tirou diplomas na Sorbonne em matemática, física e química. Irène conheceu e se casou com outro cientista, Frédéric Joliot e, em 1935, eles ganharam o Prêmio Nobel de Química, o que fez de Irène e Marie a única dupla de mãe e filha a ganhar o prêmio. Continuando a tradição da família, os dois filhos de Irène e Frédéric, Hélène e Pierre, também se tornaram cientistas famosos.

JOSEPHINE BAKER

3 DE JUNHO DE 1906 (ST. LOUIS, MISSOURI, E.U.A.) – 12 DE ABRIL DE 1975 (PARIS, FRANÇA)

"NEM TODO MUNDO TEM A MESMA COR, A MESMA LÍNGUA OU OS MESMOS COSTUMES. MAS TODOS TÊM O MESMO CORAÇÃO, O MESMO SANGUE E A MESMA NECESSIDADE DE AMOR."

Na primeira vez que Josephine Baker dançou em público, ela estava em uma rua de St. Louis, Missouri. Foi em 1919, e ela era uma garota negra de 13 anos que tinha largado a escola e abandonado o casebre de um aposento que dividia com a mãe. Josephine trabalhava como empregada desde os oito anos e estava acostumada a ir atrás de dinheiro. Mas dançar era mais divertido, e ela era boa nisso. Aos 15 anos, ela dançava no circuito vaudeville, depois em Nova Iorque. Ela tinha energia, era engraçada e sabia encantar e entreter uma plateia. Aos 19 anos, chamou a atenção de um olheiro, que ofereceu a ela a oportunidade de dançar em Paris, França, como parte de uma trupe de dança toda negra. Ansiosa por algo de novo, Josephine disse sim.

No dia 2 de outubro de 1925, ela subiu ao palco em Paris e fez sucesso imediato. Ela usava trajes pequenos e dançava com entrega total. O jazz era novidade em Paris, e Josephine fazia danças populares como o Charleston. Sua dança mais famosa era feita usando uma saia de bananas.

Ela era muito bonita, mas também tinha um jeito bobo e, muitas vezes, ficava vesga ou fazia caretas engraçadas enquanto dançava. Josephine logo se tornou a artista mais famosa da Europa. Multidões iam vê-la sempre que ela dançava, encantadas com tudo, desde os passos de dança ao icônico corte de cabelo. Em 1934, ela se tornou a primeira mulher negra a estrelar um filme grande, *Zuzu*.

Josephine ficou rica e famosa. A garota, antes sem-teto, agora podia comprar roupas de marca e até um guepardo de estimação chamado Chiquita (que usava uma coleira de diamantes). Mas ela não usou o dinheiro e a fama só para comprar coisas chiques. Durante toda a vida, usou a fama para fazer a diferença. Ela amava seu novo país, a França, e se tornou cidadã. Quando a Segunda Guerra Mundial começou, Josephine se voluntariou para a Cruz Vermelha. E, depois, virou espiã da Resistência Francesa.

Como artista popular, Josephine tinha permissão de se deslocar livremente pela Europa apesar da guerra, apresentando-se em clubes, em festas sofisticadas e em embaixadas. Ela encantou oficiais japoneses, italianos e nazistas de alta patente, que nunca desconfiaram que ela podia estar agindo como informante. Escutava as conversas deles e passava as informações para a inteligência francesa e britânica. Enquanto viajava por Espanha, Portugal, Norte da África e Inglaterra, contrabandeava informações estratégicas sobre localizações de tropas e pistas de pouso nazistas, escrevendo com tinta invisível nas partituras e prendendo bilhetes secretos na sua roupa íntima. Depois da guerra, a França concedeu a ela uma medalha pela coragem.

Mas Josephine não tinha terminado: sua batalha seguinte foi o racismo. Ela ficou chocada de poder viajar livremente pela Europa e pelo resto do mundo e de ser tratada como um ser humano igual, mas

JOSEPHINE BAKER

de se recusarem a servi-la em restaurantes nos Estados Unidos e ser chamada de nomes horríveis. Nos anos 1950, ela fez uma turnê pelos Estados Unidos, e o contrato dizia que ela não se apresentaria em locais segregados. Isso levou a batalhas públicas e à dessegregação de clubes em cidades como Miami e a notoriamente racista Las Vegas (onde até artistas como Nat King Cole e Ella Fitzgerald foram impedidos de alugar bons quartos de hotel). Quando um clube de Vegas se recusou a deixar pessoas negras entrarem, Josephine declarou: "Eu não vou me apresentar". E se sentou no palco até os donos cederem. Em 1963, foi a única mulher a falar ao lado de Martin Luther King Jr. na famosa marcha de Washington. Ela estava usando seu uniforme militar francês e sua medalha de honra, e falou com a multidão sobre sua luta por justiça.

O compromisso de Josephine com a igualdade racial era tão profundo que ela adotou 12 crianças de diferentes partes do mundo, inclusive Coreia, Israel, Marrocos, Finlândia, Colômbia e Argélia. Ela queria mostrar que "crianças de diferentes etnias e religiões podiam ser irmãs". Josephine, que falava quatro idiomas, chamava sua família de "Tribo Arco-íris" e permitia que visitantes fossem conhecer sua casa (um castelo francês do século XV) para observar como a família multirracial era feliz.

Josephine Baker foi a primeira mulher negra a ser uma celebridade internacional — mas era muito mais do que isso. Ela era soldado, espiã, escritora, ativista, mãe e defensora apaixonada da igualdade, do amor e da paz. Também era ícone da moda, pioneira e inspiração para gerações de artistas, desde Shirley Bassey e Diana Ross até Tina Turner e Beyoncé.

MARIA MONTESSORI

31 DE AGOSTO DE 1870 (CHIARAVALLE, MARCHE, ITÁLIA) – 6 DE MAIO DE 1952
(NOORDWIJK, HOLANDA)

"CRIANÇAS SÃO SERES HUMANOS QUE MERECEM RESPEITO."

Em 1907, em um bairro pobre perto de Roma, Itália, uma jovem abriu uma pré-escola. Dos 50 alunos, alguns eram tímidos, outros eram agitados e nenhum tinha visto nada parecido com a Casa dei Bambini, a primeira escola de Maria Montessori. A professora os observou com atenção. Ela sabia que, na verdade, os alunos a estavam ensinando.

Quando criança, Maria adorava ir à escola e tirava notas altas nas aulas. Gostava especialmente de ciências e, aos 13 anos, entrou em uma escola técnica só de garotos para estudar engenharia (ela também estudou botânica, matemática, desenho, química, física, literatura, zoologia, além de várias línguas estrangeiras).

Uma carreira em engenharia era uma coisa incomum para uma mulher, mas, depois da formatura, ela chocou todo mundo, principalmente o pai, quando anunciou que queria estudar medicina. Isso era considerado impossível e ela foi rejeitada em várias faculdades. A Universidade de Roma acabou aceitando-a. Ela foi incomodada por colegas homens e não tinha permissão de participar de dissecações com eles; tinha que ficar até mais tarde e fazer o trabalho sozinha. Apesar disso, ganhou prêmios acadêmicos e se formou como a primeira médica mulher da Itália.

Um dos papéis de Maria como médica era visitar instituições para crianças com doenças mentais, que eram consideradas "insanas" ou "de mente fraca". Maria ficou horrorizada pelo tratamento dado a essas crianças, que não recebiam estímulo e nem amor. De que essas crianças precisavam? Como poderiam aprender? Para descobrir, ela começou a pesquisar. Em pouco tempo, estava criando seu próprio sistema de educação para todas as crianças, não apenas para as que tinham dificuldades de aprendizado. Ela chamou de Método Montessori.

Maria acreditava que todas as crianças têm a capacidade e o desejo de aprender e que esse espírito devia ser encorajado. Também acreditava que as crianças podem aprender sozinhas e que, para fazer isso, elas precisam ter liberdade para explorar. Maria achava que a hora de brincar era a hora de aprender. Ela desenvolveu atividades específicas, objetos e brinquedos que estimulariam o aprendizado. Também introduziu ideias novas e radicais sobre o papel dos professores, que, ela dizia, deviam guiar e aprender com as crianças e não só dizer a elas o que fazer.

Não demorou para as ideias dela se espalharem. Em 1913, ela viajou para os Estados Unidos, onde pessoas proeminentes como Alexander Graham Bell, Helen Keller e Thomas Edison elogiavam o trabalho dela. Viajou pelo mundo para treinar professores pessoalmente e ajudou a abrir milhares de escolas montessorianas. Foi indicada três vezes para o Prêmio Nobel da Paz e foi a primeira e única mulher a aparecer no dinheiro italiano. Escreveu inúmeros livros e deu incontáveis palestras. Seus métodos são usados hoje em mais de 22 mil escolas montessorianas em 110 países.

HIPÁTIA
ENTRE 350 E 370 – 8 DE MARÇO DE 415 (EGITO)

"RESERVE SEU DIREITO DE PENSAR, POIS ATÉ PENSAR ERRADO É MELHOR DO QUE NÃO PENSAR."

A brilhante professora estava no centro da cidade usando uma capa tradicional, falando com autoridade sobre as ideias de filósofos como Platão e Aristóteles. Os alunos se amontoavam em volta, ansiosos para absorver o conhecimento dessa ilustre oradora. Seu nome era Hipátia, uma das grandes matemáticas, astrônomas e filósofas de sua era. Em uma época em que as mulheres ficavam confinadas em casa e eram consideradas propriedade, a vida de Hipátia era extraordinária.

Ela nasceu na cidade de Alexandria, Egito, que era na época governada pelos gregos. Era uma cidade vibrante em cultura e aprendizado, e uma das instituições mais importantes de lá era o Museu, uma espécie de universidade cuja biblioteca abrigava mais de meio milhão de pergaminhos. Muitos grandes pensadores davam aula no Museu e estavam desenvolvendo ideias sobre assuntos como medicina, física, biologia, astronomia e geografia.

Um deles era o pai de Hipátia, Téon de Alexandria. Quando Hipátia nasceu, ele se dedicou a ensinar a ela tudo que sabia. Eles desenvolveram um laço forte, trabalhando juntos para estudar e escrever "comentários" sobre textos clássicos. Escrever um comentário significava que você leu os trabalhos de outra pessoa e escreveu seus próprios pensamentos e ideias sobre ele. Téon viu como sua jovem filha era brilhante e, em pouco tempo, os conhecimentos dela superaram os dele.

Ela começou a escrever seus próprios comentários e a dar aulas para alunos em casa, que se tornou um local de reunião para seus dedicados seguidores. Escreveu textos sobre álgebra e geometria, expandindo sobre teorias existentes e criando novas. Também era inventora: ela elaborou o design de vários instrumentos científicos.

Quando Hipátia começou a dar palestras públicas sobre filosofia, a fama dessa mulher incrível se espalhou. Ela saía em público usando vestes de acadêmica em vez de roupas tradicionais de mulher e até conduzia sua própria carruagem. Em pouco tempo, os representantes locais passaram a se consultar com ela sobre questões importantes da cidade. Muitos homens queriam se casar com Hipátia, mas ela recusava, preferindo se concentrar no trabalho.

Suas aulas e discursos eram incrivelmente populares, mas não com todo mundo. A tensão na região aumentava enquanto grupos diferentes lutavam pelo poder. Algumas das pessoas poderosas começaram a não gostar de matemáticos. Diziam que eram enganadores ou até feiticeiros. O Museu e sua biblioteca acabaram sendo destruídos e, em 415 d.C., a brilhante Hipátia, a primeira matemática e cientista mulher conhecida, foi morta por uma multidão furiosa que se sentia ameaçada pelas suas ideias científicas avançadas. Embora sua vida tenha sido curta, suas ideias e invenções viveram por séculos, influenciando grandes pensadores como Isaac Newton e René Descartes.

EMMA GOLDMAN
27 DE JUNHO DE 1869 (KOVNO, RÚSSIA) – 14 DE MAIO DE 1940 (TORONTO, CANADÁ)

"QUERO LIBERDADE, DIREITO DE EXPRESSÃO, O DIREITO DE TODO MUNDO A COISAS BONITAS E RADIANTES."

Às 5:30 da madrugada, em um dia gelado de dezembro de 1919, um barco deixou a ilha Ellis em Nova Iorque a caminho da Europa. As 249 pessoas a bordo estavam sendo deportadas por causa de suas crenças políticas. Quando o barco passou pela Estátua da Liberdade, uma mulher espiou por uma portinhola. Ela tinha ido para lá 34 anos antes, procurando liberdade e autonomia. E agora, por causa do seu comprometimento com esses ideais, estava sendo mandada embora. Seu nome era Emma Goldman.

Emma nasceu no Império Russo, na pequena cidade do Kovno (agora Kaunas, Lituânia). Sua família judia ortodoxa enfrentou o antissemitismo. Seu pai era violento às vezes e, quando perdeu o emprego, Emma e as irmãs tiveram que trabalhar em fábricas para sustentar a família. A jovem Emma era forte: não gostava de seguir regras e se metia em confusão na escola por expressar sua opinião. Ela sonhava com uma vida melhor, inspirada nas mulheres fortes sobre quem lia, desde a figura bíblica de Judite, que se vingou dos inimigos, a Vera Pavlona, uma heroína fictícia da literatura russa, que era uma mulher independente de pensamento livre. Aos 15 anos, o pai de Emma arrumou um casamento para ela. Quando ela implorou para voltar para a escola em vez de se casar, ele jogou os livros dela no fogo e declarou que "garotas não precisam aprender muito!" Isso foi a gota d'água. Em 1885, Emma, aos 16 anos, e sua irmã mais velha, Helena, fugiram da pobreza violenta e do crescente antissemitismo e foram para a América.

Emma logo se juntou a milhares de outros imigrantes que tinham viajado para Nova Iorque, moravam em favelas lotadas e trabalhavam em fábricas. Ela trabalhava 11 horas por dia e ganhava U$ 2,50 por semana; estava mais para um "pesadelo americano" do que para um "sonho americano". As condições da fábrica eram terríveis e Emma sentia que os trabalhadores estavam sendo explorados.

Ela sempre teve opiniões fortes, mas seu despertar político aconteceu quando ela soube sobre a Revolta de Haymarket: um grupo de ativistas foi acusado falsamente de explodir uma bomba em Chicago e depois foi enforcado. A notícia dessa injustiça mudou a vida de Emma para sempre. "Eu tive a sensação distinta de que uma coisa nova e maravilhosa tinha nascido na minha alma", escreveu ela. "Um grande ideal, uma fé ardente, uma determinação". A energética Emma estava pronta.

Em Nova Iorque, ela conheceu ativistas com opiniões similares e começou a publicar seus escritos e a dar palestras. Ela acreditava na anarquia, ou na abolição do governo, do capitalismo e da propriedade particular, e achava que as pessoas, principalmente as mulheres, deviam poder amar quem quisessem, ter filhos quando quisessem e andar pelo mundo com liberdade.

Nos anos 1890, Emma trabalhou como enfermeira e parteira nas favelas do Lower East Side de Nova Iorque, cuidando das mulheres imigrantes pobres. As condições

EMMA GOLDMAN

eram confinadas e nada higiênicas, e algumas mulheres não sobreviviam ao parto. Muitas imploravam a Emma para que as ajudasse a conseguir anticoncepcionais, que eram difíceis de obter, principalmente para mulheres pobres.

Emma achava que as mulheres precisavam de acesso a métodos contraceptivos para serem verdadeiramente livres. Suas palestras sobre esse assunto ficavam bem cheias e, em pouco tempo, ela estava contrabandeando contraceptivos para os Estados Unidos quando voltava do exterior. Isso violava a Lei de Comstock de 1873, que proibia escrever e falar publicamente sobre controle de natalidade, e Emma foi presa pelo menos duas vezes.

Ela recrutou outros para ajudá-la, inclusive uma jovem enfermeira chamada Margaret Sanger. Emma se tornou mentora e apoiadora de Margaret. Margaret escrevia artigos para a revista de Emma, *Mother Earth*, e Emma escrevia para e vendia exemplares do jornal de Margaret, *The Woman Rebel*. Mais tarde, Margaret liderou a luta por direitos reprodutivos e fundou a organização que acabaria se tornando a Planned Parenthood.

Ao mesmo tempo que Emma era séria em relação a suas causas, ela também era uma mulher de espírito livre, divertida e cheia de amor. Uma vez, estava em uma festa com outros ativistas proeminentes e um jovem a repreendeu por dançar. Como líder do movimento anarquista, ele disse que ela não devia estar se divertindo em público, pois seu "comportamento indigno" podia prejudicar a

causa. Uma Emma furiosa disse para ele cuidar da vida dele e defendeu seu direito de viver com alegria. Ela acreditava que "o jeito como se vive a vida todos os dias era a declaração política mais poderosa de todas", e Emma estava completamente comprometida com viver com paixão e com objetivo.

Em 1919, Emma falou contra o recrutamento militar para a Primeira Guerra Mundial. Por esse motivo, a sua cidadania foi retirada e ela foi obrigada a voltar para a Rússia, junto com centenas de outros. Depois de sair da União Soviética, ela se mudou para a Suécia, depois para a Alemanha. Viajou pelo mundo falando, escrevendo e espalhando as ideias radicais de mudança social e igualdade. Escritora prolífica, ela assinou inúmeros artigos, ensaios e panfletos, assim como milhares de cartas pessoais. Seus cinco livros incluem *Vivendo minha vida*, a autobiografia de dois volumes e 1000 páginas. Emma nunca foi de ficar parada quando uma injustiça ocorria. Ela se juntava à luta aonde quer que estivesse e era uma mulher verdadeiramente radical, tanto em seus pensamentos quanto em suas ações.

AS SEM PÁTRIA

O que é um país? Uma pátria, uma nação? O que é uma fronteira?

É um rio, um mar, uma linha em um mapa? Um em cada 122 humanos na Terra é refugiado, expatriado ou está em busca de asilo.

O que quer dizer ser de um lugar? Ou ser estrangeiro?

Pertencer, não pertencer.

Você nasce onde nasce. Floresta ou deserto, montanha ou litoral.

De onde você vem?
De que grupo, de que povo?

Quem segura você lá?
A boca de quem fala sua língua?

Como eu cheguei aqui?
Como você chegou aí?

Das 60 milhões de pessoas expatriadas à força no mundo, quase 80 por cento são mulheres e crianças. Elas deixam suas casas, cidades e países por causa de guerra, violência, discriminação, fome, catástrofes ambientais.

Imigrante. Refugiado. Migrante. Sem-teto. Sem pátria. Sem Estado. Humano.

Essas pessoas fugiram do Leste Europeu, do Norte da África, do Oriente Médio, do Sudão do Sul, da América Central.

Por cima de cercas, por subterrâneos. Enfrentando soldados, polícias, milícias. Contrabandistas, traficantes, patrulhas de fronteira. Procurando segurança, comida, educação. Asilo, aceitação, cidadania.

Uma casa, uma cabana, uma barraca. Um abrigo. Um campo de refugiados.

Um em cada 122 humanos não tem um lugar.

Fugindo de Myanmar, da Síria,
do Afeganistão, da Eritreia. Do México,
da Somália, da Turquia, da Ucrânia.
Da Guatemala, do Iraque.

Um mundo sem guerra, uma noite
sem bombas, uma escola sem armas,
um dia sem gangues. Uma chance.
Um lar. Uma vida.

Elas se despedem de amigos,
de familiares, de escolas e
de empregos e partem na
esperança de que,
em algum lugar,
de alguma
forma, consigam
encontrar um
novo lugar. Às vezes,
partem com as famílias
inteiras; às vezes, maridos e pais
morreram na guerra, em brigas.

Milhões de mães andam no escuro
frio, com bebês nas costas e crianças
nos braços.

Elas as acalmam em barcos enquanto
atravessam mares negros, cantam
cantigas de ninar em barracas em
acampamentos perigosos.

Elas fogem grávidas, dão à luz na
estrada, aninham novas esperanças.
Elas seguem em frente.

Vão recusá-la? Tem lugar na terra? Nos
nossos corações?

Forçadas para fora da
Irlanda, do Congo, da
Alemanha, de Cuba. Têm
que sair da Palestina,
da Sérvia, do Vietnã, do
Camboja.

Elas passam bebês
por cima de cercas, dão nas
mãos de outras pessoas.

Mandam filhas por desertos,
para longe de guerras
 nas quais nasceram.

 Atravessam desertos
e oceanos para terras novas.

E, às vezes, elas chegam
a estações de trem e a aeroportos,
onde multidões ansiosas com
sapatos e casacos as esperam.

Refeições e brinquedos,
fraldas e livros, cartazes
que dizem "Bem-vindos" em
línguas desconhecidas.

Salas de aulas e livros,
a chance de sonhar,
de ter um futuro.

O que quer dizer ajudar, aceitar?
Ser amigo, vizinho, irmã?

Nenhum ser humano é ilegal.

Quem pertence? Quem ajuda? Nós.

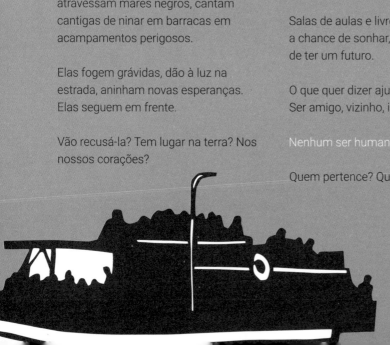

MAIS MULHERES INCRÍVEIS DE TODO O MUNDO

Este livro conta 44 histórias de 30 países. Existem quase 200 países no mundo — poderíamos facilmente ter mais de 40 mil histórias! Aqui estão mais 250 mulheres incríveis de todo o mundo para você pesquisar:

AFEGANISTÃO
Tahmina Kohistani
Atleta olímpica

Malalai Joya
Escritora e ativista

ÁFRICA DO SUL
Winnie Mandela
Ativista e política

Lillian Masediba Ngoyi
Ativista

Ellen Kuzwayo
Ativista e política

ALBÂNIA
Urani Rumbo
Professora e dramaturga

ALEMANHA
Emmy Noether
Matemática

Dra. Ruth Pfau
Freira e médica
de leprosos

Fanny Mendelssohn
Compositora

Hannah Arendt
Filósofa

ANGOLA
Nzingha
Rainha

ANTÍGUA
Jamaica Kincaid
Escritora

ARÁBIA SAUDITA
Haifaa al-Mansour
Cineasta

Wajeha Al-Huwaider
Ativista

ARGÉLIA
Dahia al-Kahina
Líder da resistência

Assia Djebar
Cineasta

ARGENTINA
Eva Perón
Política

Maria Lugones
Filósofa

ARMÊNIA
Hayganush Mark
Poeta e escritora

Zabel Yesayan
Romancista

AUSTRÁLIA
Layne Beachley
Surfista

Oodgeroo Noonuccal
Poeta

Doris Pilkington Garimara
Escritora

ÁUSTRIA
Hedy Lamarr
Atriz e inventora

Anna Freud
Psiquiatra

Rosa Welt-Straus
Ativista dos direitos
das mulheres

BAHRAIN
Ruqaya Al-Ghasra
Atleta olímpica

BANGLADESH
Begum Rokeya
Assistente social feminista

Pritilata Waddedar
Revolucionária

BÉLGICA
Alexandra David-Néel
Espiritualista e aventureira

Diane von Fürstenberg
Designer de moda

Luce Irigaray
Filósofa

BERMUDA
Dama Lois Browne-Evans
Advogada e política

BIELORRÚSSIA
Svetlána Alexiévich
Jornalista investigativa

BOLÍVIA
Silvia Lazarte
Líder indígena

Bartolina Sisa
Lutadora da resistência

Julieta Paredes
Ativista e organizadora

BÓSNIA
Jasmila Žbanic´
Cineasta

BOTSWANA
Unity Dow
Juíza e ativista dos
direitos humanos

BRASIL
Bertha Lutz
Zoologista, feminista e política

Ana Néri
Enfermeira

Isabel
Princesa

Leticia Bufini
Skatista

BULGÁRIA
Dimitrana Ivanova
Ativista de direitos humanos

BURUNDI
Ketty Nivyabandi
Poeta e ativista

CABO VERDE
Cesária Évora
Cantora

CAMBOJA

Ros Sereysothea
Cantora

Indradevi
Rainha

CANADÁ

Kenojuak Ashevak
Artista

Anna Mae Aquash
Ativista

Roberta Bondar
Astronauta

Manon Rhéaume
Jogadora de hóquei

CHILE

Gabriela Mistral
Poeta

Isabel Allende
Escritora

Ana Tijoux
Rapper

María Teresa Ruiz
Astrônoma

CHINA

Zheng Shih
Pirata

Imperatriz Viúva Cixi
Imperatriz

Jin Xing
Dançarina

Dra. Flossie Wong-Staal
Bióloga molecular

COLÔMBIA

Gaitana
Líder de rebelião

COREIA

Seondeok
Rainha

Yoo Kwan-soon
Líder pela independência

Na Hye-sok
Poeta e artista feminista

COSTA RICA

Emma Gamboa
Educadora

Pancha Carrasco
Soldado

CUBA

Alicia Alonso
Bailarina

Ana Mendieta
Artista

Ana Betancourt
Ativista

Lydia Cabrera
Antropóloga

DINAMARCA

Lili Elbe
Artista transgênero

EGITO

Neithhotep
Primeira rainha

Nawal El Saadawi
Escritora

Doria Shafik
Líder feminista

Umm Kulthum
Cantora

EQUADOR
Matilde Hidalgo
Ativista e política

ESCÓCIA
Anna Munro
Sufragista

Elsie Inglis
Médica

Victoria Drummond
Engenheira naval

ESPANHA
Teresa Perales Fernández
Atleta olímpica

Margarita Salas
Cientista

Lucía Sánchez Saornil
Poeta anarquista

Remedios Varo Uranga
Pintora surrealista

ESTADOS UNIDOS
Rainha Weetamoo
Chefe indígena americana

Ida B. Wells
Jornalista e ativista

Audre Lorde
Poeta

Sylvia Rivera
Ativista pelos
direitos trans/gay

ETIÓPIA
Taytu Betul
Rainha

FIJI
Virisila Buadromo
Ativista e líder

FILIPINAS
Corazon Aquino
Presidente

Gabriela Silang
Lutadora pela liberdade

Dra. Encarnacion A. Alzona
Historiadora

FINLÂNDIA
Tove Jansson
Artista e escritora

Rosina Heikel
Ginecologista
e parteira

FRANÇA
Christine de Pizan
Autora medieval

Olympe de Gouges
Autora feminista

Agnes Varga
Cineasta

Claude Cahun
Artista

GÂMBIA
Fatou Bensouda
Advogada

GANA
Yaa Asantewaa
Rainha guerreira

GRÉCIA
Aspásia
Escritora e professora

Cinisca
Primeira atleta olímpica

Safo
Poeta

Kallirhoe Parren
Ativista pelos direitos
da mulher

GUAM
Cecilia Cruz Bamba
Senadora e sindicalista

Clotilde "Ding"
Castro Gould
Contadora de histórias

GUATEMALA
Rigoberta Menchū
Ativista indígena

María Josefa
García Granados
Jornalista

HAITI
Edwidge Danticat
Escritora

Anacaona
Cacique

Yvonne Sylvain
Médica

HOLANDA
Frieda Belinfante
Maestra e membro da
resistência holandesa

Corrie ten Boom
Salvadora do
Holocausto

Aletta Henriëtte
Jacobs
Inventora e médica

Judith Leyster
Pintora

Hannie Schaft
Lutadora
da resistência

HONDURAS
Elvia Alvarado
Ativista dos direitos humanos

HUNGRIA
Margit Slachta
Ativista social

Ilona Zrínyi
Lutadora pela
liberdade e condessa

IÊMEN
Tawakkol
Abdel-Salam Karman
Ativista dos direitos humanos
e jornalista

Fatima al-Aqel
Ativista pelos direitos
dos deficientes

ÍNDIA
Arundhati Roy
Escritora

Vandana Shiva
Ambientalista

Sampat Pal Devi
Defensora dos direitos
das mulheres

Mary Kom
Boxeadora

INDONÉSIA
Cut Nyak Dhien
Líder de guerrilha

Kartini
Educadora
e feminista

Megawati
Sukarnoputri
Política

Ayu Utami
Escritora

INGLATERRA
Boadiceia
Rainha

Aphra Behn
Dramaturga

Cecilia Payne
Astrônoma

Jane Marcet
Química

IRÃ
Táhirih
Poeta e mística

Shirin Ebadi
Advogada e ativista

Shirin Neshat
Cineasta

Maryam Mirzakhani
Matemática

IRAQUE
Nazik Al-Malaika
Poeta

Zaha Hadid
Arquiteta

IRLANDA
Bernadette Devlin
Política

Mairead Maguire
Ativista pela paz

Anna Haslam
Sufragista

ISLÂNDIA
Björk Guðmundsdóttir
Musicista

Bríet Bjarnhéðinsdóttir
Ativista dos direitos humanos

Jóhanna Sigurðardóttir
Ex-primeira ministra

ISRAEL
Amal Elsana Alh'jooj
Ativista beduína

Ada Yonath
Química

ITÁLIA
Catarina de Siena
Santa e acadêmica

Sofonisba Anguissola
Pintora

Francesca Caccini
Compositora

Rita Levi-Montalcini
Neurologista

JAMAICA
Stafanie Taylor
Jogadora de críquete

Mary Seacole
Enfermeira

Grace Jones
Cantora

JAPÃO
Yayoi Kusama
Artista

Tazuko Sakane
Cineasta

Murasaki Shikibu
Primeira romancista

Tomoe Gozen
Samurai

JORDÂNIA
Fadia Faqir
Romancista

KIRIBATI
Teresia Teaiwa
Poeta e erudita

KUWAIT
Fatima Al Qadiri
Musicista

LÍBANO
Nazira Zain al-Din
Escritora
feminista

Fairouz
Musicista

LIBÉRIA
Angie Elizabeth
Brooks
Diplomata e juíza

Ellen Johnson Sirleaf
Presidente

MADAGASCAR
Gisele Rabesahala
Política

MALÁSIA
Che Siti Wan
Kembang
Rainha

Nicol David
Atleta

MALÁUI
Memory Banda
Ativista adolescente

Joyce Banda
Presidente

MALI
Aoua Kéita
Ativista pela
independência

MARROCOS
Fatema Mernissi
Socióloga

MÉXICO
Comandanta Ramona
Líder zapatista indígena

Concha Michel
Musicista e folclorista

Lydia Cacho
Jornalista

Graciela Iturbide
Fotógrafa

MONGÓLIA
Khutulun
Atleta e guerreira

Mandukhai Khatun
Rainha

MYANMAR
Wai Wai Nu Rohingya
Ativista e prisioneira política

NEPAL
Puspa Basnet
Assistente social

Pasang Lhamu
Sherpa
Alpinista

NICARÁGUA
Nora Astorga
Lutadora de guerrilha
e embaixadora da ONU

NIGÉRIA
Amina Sukhera
Guerreira

Margaret Ekpo
Ativista dos direitos
das mulheres e política

Nana Asma'u
Princesa e poeta

NORUEGA
Katti Anker Moller
Defensora dos direitos
reprodutivos

Liv Ullmann
Diretora de filmes

NOVA ZELÂNDIA
Jane Campion
Cineasta

Dama
Whina Cooper
Líder maori

Parris Goebel
Coreógrafa
de hip-hop

PAÍS DE GALES
Sylvia Sleigh
Pintora

PALESTINA
Fadwa Tuqan
Poeta

Tarab Abdul
Hadi
Ativista feminista

Wafaa Khater
Física

PAQUISTÃO
Benazir Bhutto
Primeira-ministra

Begum Ra'ana
Liaquat Ali Khan
Política e economista

Fatima Jinnah
Estadista e cirurgiã
dentista

PERU
Flora Tristan
Escritora feminista

Micaela Bastidas
Puyucahua
Heroína independente

Sofía Mulánovich
Surfista

Albina Ruiz Rios
Ativista ambiental

POLÔNIA
Rosa Luxemburgo
Política

Wanda Rutkiewicz
Alpinista

Tamara Łempicka
Artista

Krystyna Krahelska
Poeta

PORTO RICO
María Luisa Arcelay
Política

Lolita Lebrón
Revolucionária

Carlota Matienzo
Román
Professora

PORTUGAL
Isabel
Rainha

Maria Isabel
Barreno
Escritora feminista

QUÊNIA
Tegla Loroupe
Corredora olímpica
e humanitária

REPÚBLICA DEMOCRÁTICA DO CONGO
Neema Namadamu
Ativista pelos deficientes
e pelos direitos das mulheres

REPÚBLICA DOMINICANA
Irmãs Mirabal
Ativistas políticas

REPÚBLICA TCHECA
Božena Némcová
Escritora

Martina Navratilova
Tenista

Bertha von Suttner
Vencedora do Prêmio
Nobel da Paz

ROMÊNIA
Nadia Comăneci
Ginasta

Herta Müller
Romancista

RÚSSIA
Pussy Riot
Banda punk

Sofia Kovalevskaya
Matemática

Anna Akhmatova
Poeta

Valentina Tereshkova
Astronauta

SERRA LEOA
Adelaide Casely-Hayford
Educadora e escritora

SÉRVIA
Marina Abramović
Artista

SÍRIA
Zenóbia
Rainha

Samar Yazbek
Jornalista

SOMÁLIA
Hawa Aden Mohamed
Ativista social

Asha Haji Elmi
Política

SRI LANKA
Sirimavo Ratwatte Dias Bandaranaike
Primeira-ministra

Mathangi "Maya" Arulpragasam (M.I.A.)
Cantora e ativista

SUAZILÂNDIA
Patricia McFadden
Socióloga e feminista

SUDÃO
Emtithal Mahmoud
Poeta

SUDÃO DO SUL
Margret Rumat Rumar Hassan
Corredora olímpica

SUÉCIA
Selma Lagerlöf
Escritora

Ellen Key
Escritora

SUÍÇA
Marie Goegg-Pouchoulin
Ativista feminista

TAILÂNDIA
Suriyothai
Rainha

TIBETE
Ani Pachen
Freira guerreira

TONGA
Sālote Tupou III
Rainha

TRINIDAD E TOBAGO
Claudia Jones
Ativista e jornalista

TURQUIA
Teodora
Imperatriz

Fatma
Aliye Topuz
Romancista

URUGUAI
Delmira Agustini
Poeta

UZBEQUISTÃO
Elena Urlaeva
Ativista dos
direitos humanos

VENEZUELA
Luisa Cáceres
de Arismendi
Heroína de guerra

Teresa Carreno
Pianista, cantora,
compositora
e maestra

VIETNÃ
Irmãs Trung
Líderes militares

Irmã Chân Không
Ativista pela paz e conselheira
espiritual

ZIMBABWE
Agnes Nyanhongo
Escultora

Nehanda Charwe Nyakasikana
Líder espiritual

SOBRE AS AUTORAS

Kate Schatz e Miriam Klein Stahl são a autora e a ilustradora de *Rad American Women A-Z*. Elas moram na Bay Area e são artistas, educadoras, ativistas e mães.

Jules de Faria é fundadora da ONG brasileira Think Olga, com foco em direito das mulheres, criadora das campanhas Chega de Fiu Fiu e Primeiro Assédio. Por seus projetos, foi eleita uma das oito mulheres inspiradoras do mundo pela Clinton Foundation e pela revista Cosmopolitan US. Para este livro, ela contribuiu com quatro perfis: Debora Diniz, Elza Soares, Maria da Penha e Sonia Bone Guajajara.

RECADO DE KATE SCHATZ

Enquanto eu pesquisava e escrevia este livro, durante o verão e o outono de 2015, o mundo muitas vezes parecia um lugar assustador e triste. Notícias de guerras, terrorismo, violência de armas e sofrimento humano chegavam sem parar. Em terras distantes da minha, pessoas fugiam da guerra, desesperadas para encontrar novos lares; aqui nas ruas dos Estados Unidos, a polícia atirava em jovens negros. Políticos e terroristas espalhavam o ódio. Balas voavam e lágrimas caíam.

Não é exagero dizer que escrever este livro foi um refúgio para mim. Foi um lembrete das amplas realidades de sofrimento histórico e da enorme capacidade de amor e mudança. Todos os dias eu procurava consolo nas histórias dessas mulheres, cujas vidas foram trágicas e triunfantes, inspiradoras e encorajadoras. Quando as forças do mal pareciam dominar os eventos do mundo, esses relatos me lembravam que mulheres tinham superado, reagido, liderado, criado, inventado, realizado e conseguido. Nós escalamos montanhas, plantamos árvores, atravessamos continentes. Nós protegemos terras e línguas. Nós sempre estivemos presentes. E sempre estaremos.

Tem uma frase famosa que diz que "a história é escrita pelos vencedores". Eu concordo, mas também diria que a história é escrita pelos escritores — e eu sou uma. E é por isso que fiz este livro para você.

RECADO SOBRE A ARTE

As ilustrações de recorte de papel neste livro foram criadas por Miriam Klein Stahl usando papel, lápis e um estilete X-Acto.

RECADO DE JULES DE FARIA

Histórias são importantes, ainda mais quando são de mulheres que não receberam o reconhecimento que merecem das narrativas oficiais. É por isso que, há alguns anos, decidi que o foco da minha carreira de jornalista seria falar sobre questões de gênero e contar o que elas — nós! — fazem há muitos anos para melhorar o mundo. Porque essas histórias ressaltam a importância de construir uma realidade mais feminina e inspiram novas gerações de meninas a percorrer a mesma jornada bem sucedida. Esse passado e presente não podem mais ficar escondidos, pois são a única forma de garantir um futuro que respeite a força das mulheres. Foi uma honra enriquecer este já importante livro com quatro personalidades brasileiras que pavimentaram nosso caminho na luta por equidade. E que venham muitas mais!

RECADO SOBRE A PESQUISA

Neste livro, fizemos o melhor possível para sermos detalhadas e atenciosas em nossa pesquisa. Sempre que possível, usamos fontes primárias e sempre consultamos uma variedade ampla de fontes secundárias e terciárias. Apesar de as histórias serem relativamente curtas, nós lemos muito sobre cada mulher! Usamos livros e usamos a internet. Assistimos a entrevistas e documentários e ouvimos músicas e discos. Consultamos especialistas e locais, jovens e idosos, historiadores e feministas. Como estamos nos Estados Unidos, e por isso temos uma quantidade limitada de conhecimento mundial, nós procuramos pessoas de países de todo o mundo para conseguir informações e feedback sobre essas histórias. Muitas das mulheres vivas revisaram e aprovaram suas histórias, e pessoas da família, estudiosos e outros indivíduos de confiança revisaram muitos dos demais conteúdos. Nós somos muito gratas a essas pessoas que leram cada texto com cuidado para garantir uma precisão cultural, regional e histórica.

Ao longo da história, as vidas de muitas figuras lendárias foram transformadas exatamente nisso: lendas. Fica difícil determinar o que é fato e o que é ficção, principalmente quando pesquisando pessoas que viveram há muito, muito tempo, cujas histórias foram contadas e recontadas muitas vezes. É especialmente comum que as histórias de vidas de mulheres virem sensacionalismo; esses relatos muitas vezes incluem detalhes com intenção de chocar, surpreender ou até escandalizar. E, para tornar as histórias ainda mais interessantes, a acuidade é muitas vezes sacrificada conforme são recontadas. Nós fizemos todos os esforços possíveis para apresentar histórias verdadeiras e bem pesquisadas de mulheres incríveis da vida real.

N. DA E.:
REFERÊNCIAS UTILIZADAS PARA OS PERFIS DE
SONIA BONE GUAJAJARA: Revista Greenpeace; depoimento de Sonia Guajajara para o Instituto de Estudos Brasileiros; Xapuri (site); Racismo Ambiental (site);
ELZA SOARES: El País Brasil; Revista Brasileiros; Público.pt;
MARIA DA PENHA: Ipea; Revista Trip; Revista Caros Amigos; G1; Jornal Zero Hora; HuffPost Brasil;
DEBORA DINIZ: Blog da Editora Record, Revista Época, AzMina, HuffPost Brasil, O Globo, Portal SciELO, Boas vindas UnB (site), Revista Bioética, A Barriguda (portal), Revista Estudos Feministas.

AGRADECIMENTOS

Este livro só foi possível com o apoio, amor, contribuição, sabedoria e generosidade de muitos indivíduos de todo o mundo.

Agradecemos imensamente a nossas famílias: Jason, Ivy e Benson Pontius; Lena Wolff e Hazel Klein Wolff; Barbara e Doug Schatz; Nancy Murray; Aubrey Schatz; Judi Bertolin; Judith e Julian Stahl; Daniela Sea; Lisa e Patrick Higgins; Robert e Jen Stahl.

A nossos agentes: Charlotte Sheedy e Steven Malk.

À equipe Ten Speed: Julie Bennett, Clara Sankey, Emma Campione Angelina Cheney.

À City Light Books: Elaine Katzenberger, Stacey Lewis e Chris Carosi.

E aos seguintes indivíduos incríveis pelo apoio, sabedoria, contribuição, cuidados com os filhos, ideias, opiniões e amor:

Niambi Allah	Julia Mayer	Jos Sances
Chiara Barzini	Nikki McClure	Will Schwartz
Lisa Brown	Sachi Moran	JayT Scott
Tammy Rae Carland	Ace Morgan	Amy Sonnie
Chloe Charlton	Innosanto Nagara	Anna Joy Springer
Masami Chin	Catherine Newman	Ruby Sullivan
Aaron Cometbus	Prof. Marcia Ochoa	Mariko Tamaki
Todd Elkin	Casey e Boff Orr	Michelle Tea
Marcus Ewert	Carolyn Pennypacker-Riggs	Rachel Thieme
Sarah Sophie Flicker	Micah Perks	Leslie Van Every
Teri Goodman	Sadia Rahman	Maria van Lieshout
Jen Hofer	Lea Redmond	Gabe & Terri
Kate Hurowitz	Lucy Rosenthal	

... e todas as outras pessoas que contribuíram e ofereceram apoio on-line e pessoalmente.

As seguintes pessoas ofereceram feedback valiosíssimo e edições em cada história do livro:

Chloe Ashley	Olive Fontaine	John Mataira
Anne Atwood	Birutė Mary Galdikas	Katerina Mataira
Brooke Bocast	Molly Gardner	Ratu Mataira
Tisa Bryant	Liza Gesuden	Mia McDonald
Javier Cabra	Lauren Gucick	Dra. Larissa Mercado-Lopez
Puawai Cairns	Cami Hall	Hindatu Mohammed
Anne Chambers	Stephanie Hanis	Kirthi Nath
Rae Chang	Dra. Maria Jaschok	Chinaku Onyemelukwe
Tom Cho	Cynthia Jordan	Siv Parker
Winifred Conkling	Keiran King	Jenn Phillips
Dra. Kara Cooney	Kathy Kleiman	Martin Rowe
Heidi Cregge	Jackie Ko	Buffy Sainte-Marie
Carolina DeRobertis	Dra. Khin Mar Mar Kyi	Lisa Sorenson
Cathy Dewes	Jennifer Lash	Ella Zalon
Dra. Candace Falk	Wanjira Maathai	

Primeira edição (julho/2017) • Quarta reimpressão
Papel de Miolo Papel Offset 120g
Tipografias Castor One, Eveleth e Roboto
Gráfica Santa Marta

RADICAL TREMENDA GADOL SABABA TE GEK TOF GAAF 特酷的

RADIKALE NKE INUPU ISI 特棒的 AKAMAI RADACACH RADIKAALI

JOM RADACACH RADICAL REVOLUCIONÁRIA RADICALE RADIKAL

IYINISOWIN круто ACTIVISTE REBELLE KAKUMEITEKI επαναστά

特酷的 TUANIS RADIKAL MAPANGHIMAGSIK REVOLUCIONÁRIA

RADIKAALI RADYKAL SUGOI TIPUA RADIKAL MAPANGHIMAGSIK GA

RADIKAL RADYKAL UMWÄLZEND TLAMATINI 激进的 BACANA RA

επαναστάτριες 過激 RADICAL TREMENDA GADOL SABABA

REVOLUCIONÁRIA REVOLUTIONÄR RADIKALE NKE INUPU ISI 特棒的

MAPANGHIMAGSIK GALING ਇਨਕਲਾਬੀ JOM RADACACH RADICAL RE

激进的 BACANA RADIKAL RADICAL IYINISOWIN круто ACTIVISTE

GADOL SABABA TE GEK TOF GAAF 特酷的 TUANIS RADIKAL MAPA

ISI 特棒的 AKAMAI RADACACH RADIKAALI RADYKAL SUGOI TIF

RADICAL REVOLUCIONÁRIA RADICALE RADIKAL RADYKAL UMWÄLZE

ACTIVISTE REBELLE KAKUMEITEKI επαναστάτριες 過激 RADIC

RADIKAL MAPANGHIMAGSIK REVOLUCIONÁRIA REVOLUTIONÄR RADI

SUGOI TIPUA RADIKAL MAPANGHIMAGSIK GALING ਇਨਕਲਾਬੀ JOM

UMWÄLZEND TLAMATINI 激进的 BACANA RADIKAL RADICAL IYINIS

激 RADICAL TREMENDA GADOL SABABA TE GEK TOF GAAF 特酷的